「だから、
そうなのか!」
とガツンと
わかる

中学受験

合格する国語の授業

物語文
入門
編

中学受験専門塾
ジーニアス
松本亘正
Hiromasa Matsumoto

実務教育出版

はじめに

「国語の問題集はたくさんあるけれど、文章が読めるようになる本がない」。

これが、本書を執筆しようと思った動機です。

世の中にはたくさんの読解法《どっかいほう》があふれていますが、「コレ」という一冊がありません。それぞれの先生がご自身の理論を提示していますが、複雑《ふくざつ》なものばかり。

たくさんのルールや鉄則を全部使いこなせるようになればいいけれども、それができれば国語で困ってはいないでしょう。たくさんのルールや鉄則を頭に入れること、そしてそれらを引き出して解くことができないから、悩むのです。

本書は、物語文の入門編です。大きく二つのことを意識《いしき》しています。

①物語文の常識《じょうしき》を知ること。なるべく高い点数を取る「テスト」というゲームに参加するには、まず暗黙の了解となっている「常識《ルール》」を知っておけば、有利になります。その常識《ルール》は多くありません。たったの二つです。

②感情語のとらえ方を知ること。物語文が苦手でも、手順を踏《ふ》んで考えれば大きく外すことはないし、記述問題にも対応《たいおう》できます。気持ちを読み取れるようになるために、何より「対比《たいひ》」が重要《じゅうよう》です。

感性で解ける人には必要ないことかもしれません。でも、国語が得意でない人はまずここから始めることで、読解《どっかい》の足がかりとしてほしいのです。

本書は主に小学5〜6年生を意識《いしき》して執筆しました。もちろん意欲的《いよくてき》な4年生が読むこともできますし、お子様の国語の成績に悩める保護者様が家庭学習の参考にすることもできるでしょう。

私は中学受験専門塾を運営する中で、国語を好きになり、楽しみながら着実に力をつけてもらうための工夫《くふう》をしてきました。たとえば、『0時間目のジーニアス』というYouTubeチャンネルで、語彙《ごい》コントを1年以上配信し続けたのもその一環です。

「語彙力《ごいりょく》が大事だ」「家庭での会話が大事だ」と言われても、親御さんはなかなか時間を取れません。昔に比《くら》べて保護者の方をとりまく環境も異なり、子どもの横でじっくり教える習慣《しゅうかん》を持つのは簡単《かんたん》なことではありません。だからこそ、「動画で勉強してもらおう」「楽しく勉強してもらおう」と考えたのです。

ジーニアスの4年生の授業では、文章をじっくり読み進め、どんな場面なのか、登場人物がどんな気持ちなのかを、生徒とのやりとりを通じて深めていきます。そうやって解説をしながら記述問題に挑戦してもらい、その場で添削《てんさく》するということを繰《く》り返すのです。1年間その反復をすることは、現代の中学受験にとても有効です。

難関校の試験になればなるほど記述問題が増えますが、そもそも国語が苦手な子はその手前の読み込《こ》みでつまずいており、「書きなさい」と言われてもどう書いていいか戸惑《とまど》うことが多いのです。ですから、まず「こうやればいいんだ」という〝補助輪〟をつけて練習してもらって、5年生以降《いこう》の演習につなげていきます。

本書も、そんなジーニアスの授業を再現することを意識《いしき》して執筆しました。

霧《きり》が晴《は》れるように物語文が理解《りかい》できる、読めるようになる、解けるようになる。

そんな体験につながっていくことを願っています。

中学受験専門塾ジーニアス
松本亘正

本書の使い方

本書は、中学受験専門塾ジーニアスによる「国語 物語文入門編」の授業を再現しました。物語文を読み解き、中学受験に合格するための「常識《じょうしき》」や「技術」を身につけられます。高校受験、大学受験を目指《めざ》す中高生や、大人の学び直しにも大いに役立ちます。

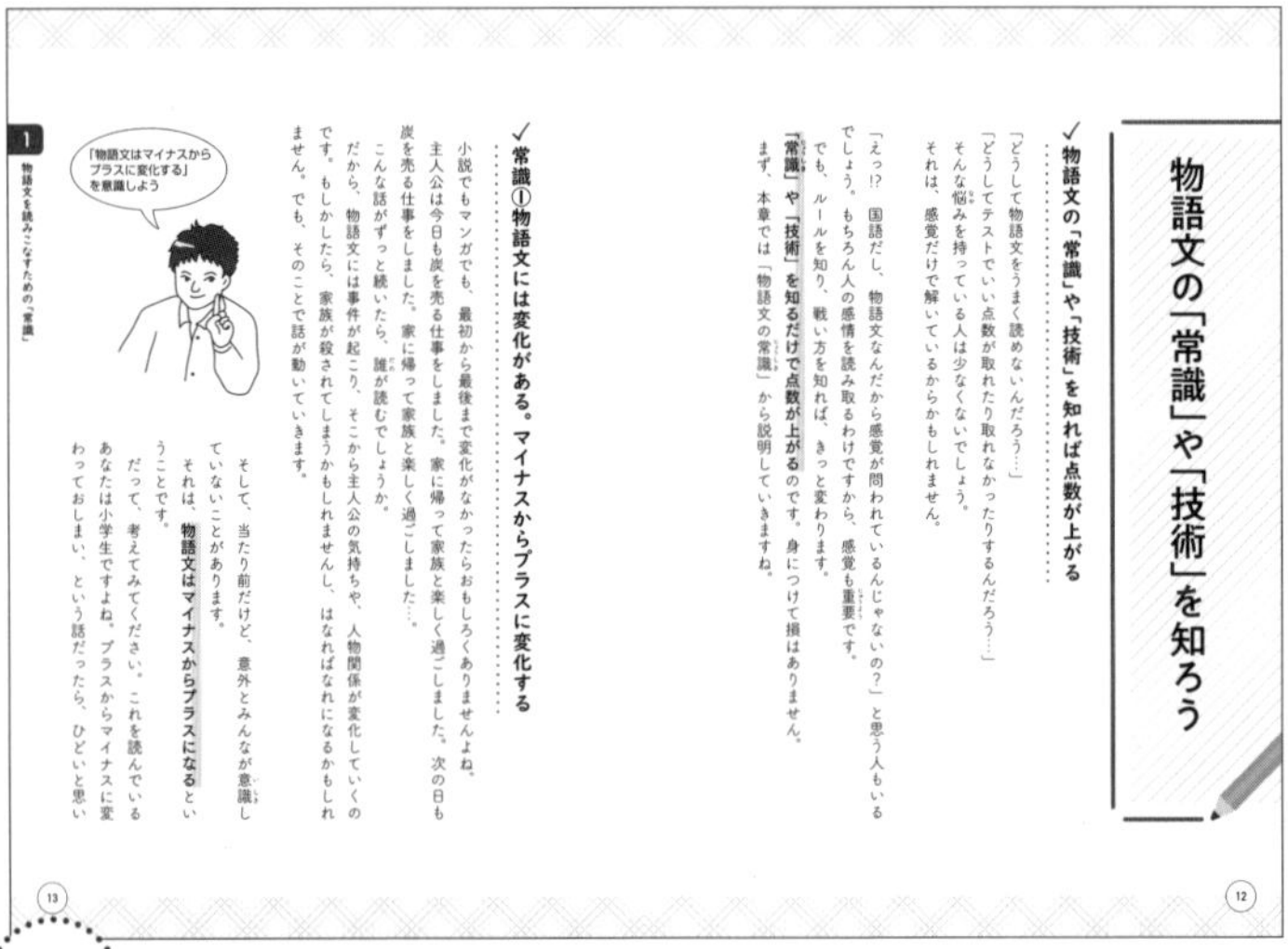

物語文の「常識」や「技術」を知ろう

✓物語文の「常識」や「技術」を知れば点数が上がる

「どうして物語文をうまく読めないんだろう…」

「どうしてテストでいい点数が取れたり取れなかったりするんだろう…」

そんな悩みを持っている人は少なくないでしょう。

それは、感覚だけで解いているからかもしれません。

「えっ!? 国語だし、物語文なんだから感覚が問われているんじゃないの?」と思う人もいるでしょう。もちろん人の感情を読み取るわけですから、感覚も重要です。

でも、ルールを知り、戦い方を知れば、きっと変わります。

「常識」や「技術」を知るだけで点数が上がるのです。身につけて損はありません。

まず、本章では「物語文の常識」から説明していきますね。

12

1 物語文を読みこなすための「常識」

✓常識①物語文には変化がある。マイナスからプラスに変化する

小説でもマンガでも、最初から最後まで変化がなかったらおもしろくありませんよね。

主人公は今日も炭を売る仕事をしました。家に帰って家族と楽しく過ごしました。次の日も炭を売る仕事をしました。家に帰って家族と楽しく過ごしました…。

こんな話がずっと続いたら、誰が読むでしょうか。

だから、物語文には事件が起こり、そこから主人公の気持ちや、人物関係が変化していくのです。もしかしたら、家族が殺されてしまうかもしれませんし、はなればなれになるかもしれません。でも、そのことで話が動いていきます。

そして、当たり前だけど、意外とみんなが意識していないことがあります。

それは、**物語文はマイナスからプラスになる**ということです。

だって、考えてみてください。これを読んでいるあなたは小学生ですよね。プラスからマイナスに変わっておしまい、という話だったら、ひどいと思い

13

1 ジーニアスで教えている「国語 物語文」の授業を誌面で再現。物語文の問題を読み解くコツをわかりやすく解説する!

第1章 まとめ

常識① 物語文には変化がある。マイナスからプラスに変化する。

常識② 物語文は子どもを成長させるために大人が用意したもの。

✓変化にはきっかけがある。「メガネくん」で変化を押さえよう。

✓心情の変化、人間関係の変化を表す言葉の組み合わせを覚えよう。

例

消極的↔積極的《せっきょくてき》、悲観↔楽観、不満↔満足、不信↔信頼、敵対《てきたい》↔友好

✓道徳的な話は、成長のための材料になる話。

26

2 各章の押さえておきたいポイントを、章末にある「まとめ」でおさらいできる!

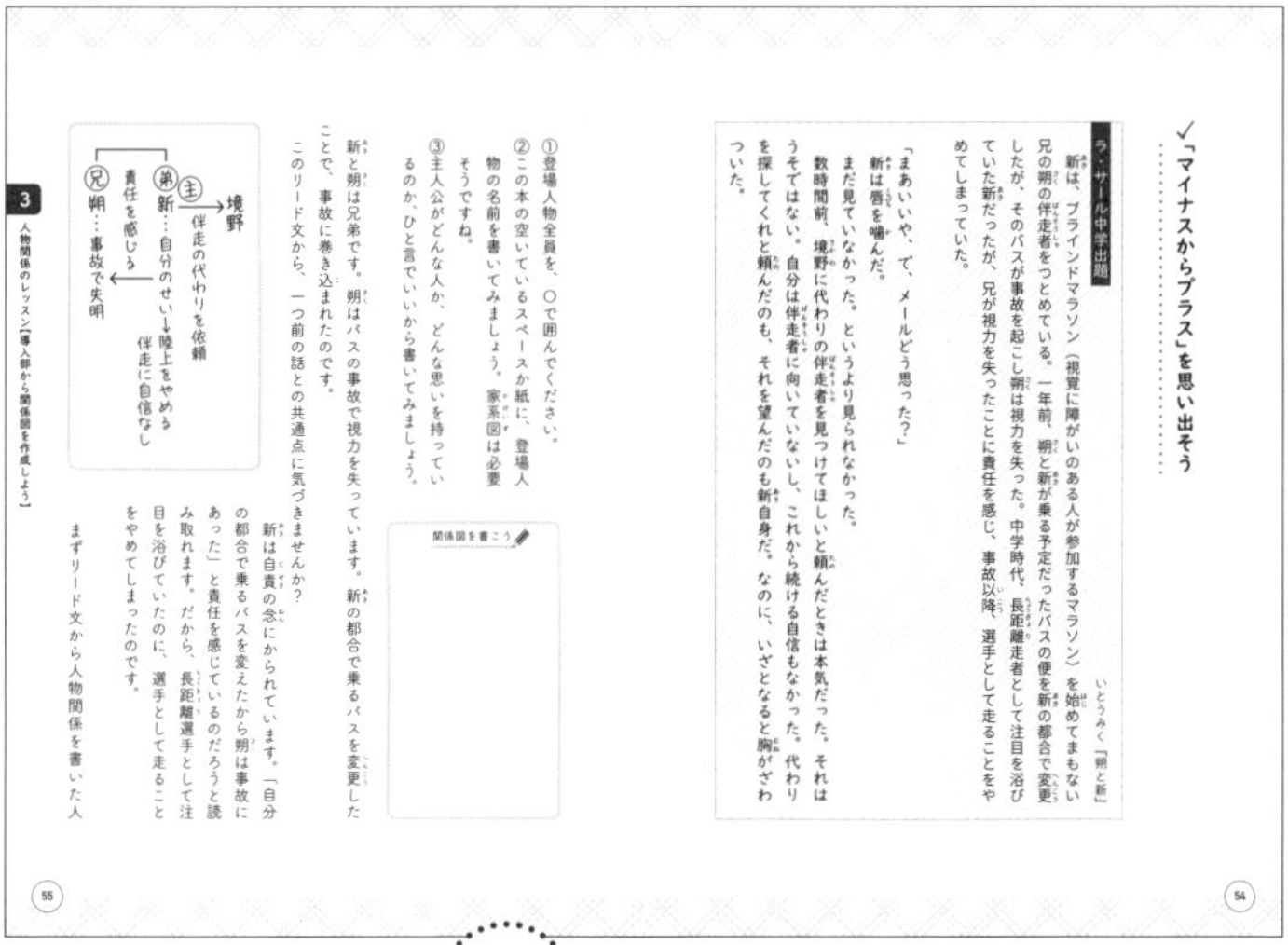

✓「マイナスからプラス」を思い出そう

ラ・サール中学出題

いとうみく『朔と新』

新は、ブラインドマラソン（視覚に障がいのある人が参加するマラソン）を始めてまもない兄の朔の伴走者をつとめている。一年前、朔と新が乗る予定だったバスの便を新の都合で変更したが、そのバスが事故を起こし朔は視力を失った。中学時代、長距離走者として注目を浴びていた新だったが、兄が視力を失ったことに責任を感じ、事故以降、選手として走ることをやめてしまっていた。

「まあいいや、で、メールどう思った？」

新は唇を噛んだ。

まだ見ていなかった。というより見られなかった。

数時間前、境野に代わりの伴走者を見つけてほしいと頼んだときは本気だった。それはうそではない。自分は伴走者に向いていないし、これから続ける自信もなかった。代わりを探してくれと頼んだのも、それを望んだのも新自身だ。なのに、いざとなると胸がざわついた。

54

①登場人物全員を、○で囲んでください。

②この本の空いているスペースか紙に、登場人物の名前を書いてみましょう。家系図は必要そうですね。

③主人公がどんな人か、どんな思いを持っているのか、ひと言でいいから書いてみましょう。

関係図を書こう

新と朔は兄弟です。朔はバスの事故で視力を失っています。新の都合で乗るバスを変更したことで、事故に巻き込まれたのです。

このリード文から、一つ前の話との共通点に気づきませんか？

新は自責の念にかられています。「自分の都合で乗るバスを変えたから朔は事故にあった」と責任を感じているのだろうと読み取れます。だから、長距離選手として注目を浴びていたのに、選手として走ることをやめてしまったのです。

境野
主 → 伴走の代わりを依頼
弟 新…自分のせい ↓ 陸上をやめる
伴走に自信なし
責任を感じる ←
兄 朔…事故で失明

まずリード文から人物関係を書いた人

3 人物関係のレッスン【導入部から関係図を作成しよう】

55

3 実際《じっさい》に難関中学で出題されたリード文、物語文、入試問題を使って、実用的な読解《どっかい》のコツを学べる！

※引用文の漢字の表記などは原作に合わせております。また、小学生の読者のため、一部ふりがなを追加しております。また、とくに断りのない限り、入試問題の解答や解説は公表されたものではありません。

毎朝更新 G Labo ～0時間目のジーニアス～ 中学受験

https://labo-g.net/

4 物語文を読み解くための感情語の語《ご》彙《い》をコント動画で学べる。ジーニアスの講師兼芸人が演じる重要語《じゅうようご》をネタにしたコントを、YouTubeチャンネル『0時間目のジーニアス』に500以上アップしており、笑いながら語彙《ごい》力をアップできる！

中学受験「だから、そうなのか！」とガツンとわかる

合格する国語の授業　物語文入門編

もくじ

1　物語文を読みこなすための「常識」

2 人物関係のレッスン【リード文に注目しよう】

3 人物関係のレッスン【導入部から関係図を作成しよう】

4 感情のレッスン【まずプラスかマイナスかを考えよう】

5 人の感情が生まれる理由

6 「選択肢」の精読

7

「記述問題」の入り口

編集協力：星野友絵・大越寛子（silas consulting）
イラスト：吉村堂（アスラン編集スタジオ）
装丁：井上新八
本文デザイン・DTP：佐藤純（アスラン編集スタジオ）

1

物語文を読みこなすための「常識」

物語文の「常識」や「技術」を知ろう

✓物語文の「常識」や「技術」を知れば点数が上がる

「どうして物語文をうまく読めないんだろう…」

「どうしてテストでいい点数が取れたり取れなかったりするんだろう…」

そんな悩《なや》みを持っている人は少なくないでしょう。

それは、感覚だけで解いているからかもしれません。


「えっ!? 国語だし、物語文なんだから感覚が問われているんじゃないの?」と思う人もいるでしょう。もちろん人の感情を読み取るわけですから、感覚も重要《じゅうよう》です。

でも、ルールを知り、戦い方を知れば、きっと変わります。

「常識《じょうしき》」や「技術」を知るだけで点数が上がるのです。身につけて損はありません。

まず、本章では「物語文の常識《じょうしき》」から説明していきますね。

✓常識①物語文には変化がある。マイナスからプラスに変化する

小説でもマンガでも、最初から最後まで変化がなかったらおもしろくありませんよね。

主人公は今日も炭を売る仕事をしました。家に帰って家族と楽しく過ごしました。次の日も炭を売る仕事をしました。家に帰って家族と楽しく過ごしました……。

こんな話がずっと続いたら、誰《だれ》が読むでしょうか。

だから、物語文には事件が起こり、そこから主人公の気持ちや、人物関係が変化していくのです。もしかしたら、家族が殺されてしまうかもしれませんし、はなればなれになるかもしれません。でも、そのことで話が動いていきます。

そして、当たり前だけど、意外とみんなが意識《いしき》していないことがあります。

それは、**物語文はマイナスからプラスになる**ということです。

だって、考えてみてください。これを読んでいるあなたは小学生ですよね。プラスからマイナスに変わっておしまい、という話だったら、ひどいと思い

ませんか？

幸せな家族が暮らしていました。しかし、家族を鬼に殺されてしまいました。主人公は鬼を倒《たお》そうと戦いましたが、負けました。おしまい。

こんな話、絶対イヤですよね？　というか、きっと読んでもらえないでしょうし、そんな物語文をテストに出したら、「どういうつもりで出題したのか？」と言われてしまいそうです。

マイナスだったけれど、イヤなことやつらいことがあったけれど、それを乗り越《こ》えてプラスに変わっていく――世の中はそんな物語ばかりです。『桃太郎』だって、『アンパンマン』だって、『鬼滅《きめつ》の刃《やいば》』だって同じ構造《こうぞう》です。

たとえば、『アンパンマン』を思い出してください。序盤《じょばん》はいつもバイキンマンが優勢《ゆうせい》です。カバおくんたちが困っているところにアンパンマンが助けに現れるけれど、いきなり勝ったりはしません。それでは、3分くらいで話が終わってしまいます。

最初はアンパンマンの顔がぬれてしまったり、バイキンマンに痛めつけられたりしてピンチを迎えます（マイナス）。そして、最後はジャムおじさんやバタコさんたちの協力を得て、アンパンチやアンキックでバイキンマンを倒《たお》すのです（プラス）。

中学受験で出てくる物語文もほぼ100％、マイナスからプラスに変わります。

物語文はマイナスからプラスに変化する——このルールを常に意識《いしき》しておきましょう。

✓マイナスからプラスに変化する「メガネくん」を押さえよう

次に、**マイナスからプラスに変わるには、きっかけが必要です**。これも当たり前です。

主人公は勉強が好きではなかった。でも、気づいたら勉強が好きになった。

AさんはBくんのことが嫌いだったし、顔も見たくなかった。でも、好きになった。

こういう話だったら、「いや、ちょっと待ってください」と思いますよね。「どうして好きになったの？　そこを教えてよ」となるはずです。

ですから、物語文にはマイナスからプラスに変わる〝きっかけ〟があります。

図に表すと、次のようになります。

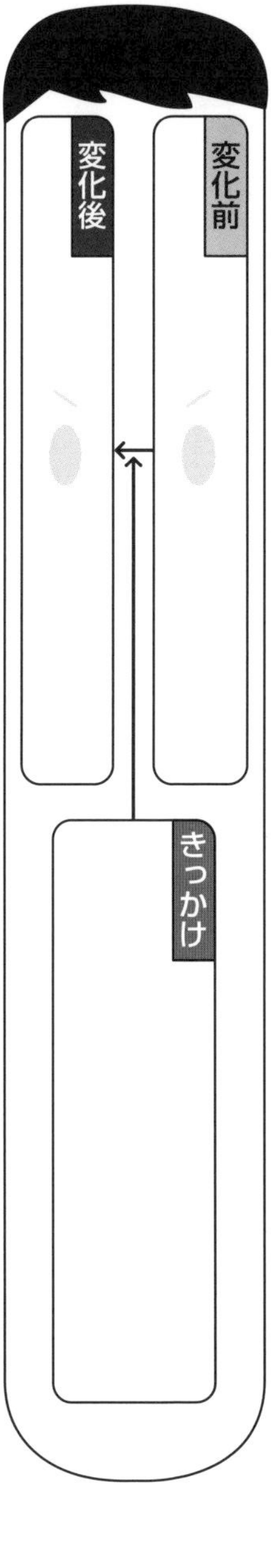

私たちは、これを「メガネくん」と呼んでいます。

変化前と変化後がメガネ、そしてきっかけのところが口《くち》…。ほら、そう見えてきませんか？

物語文の変化の柱、これを押《お》さえることが大切です。

この考え方は、記述問題の解答を書く時にも役に立ちます。

先ほどの『アンパンマン』の例を、図に書き込《こ》んでみましょう。

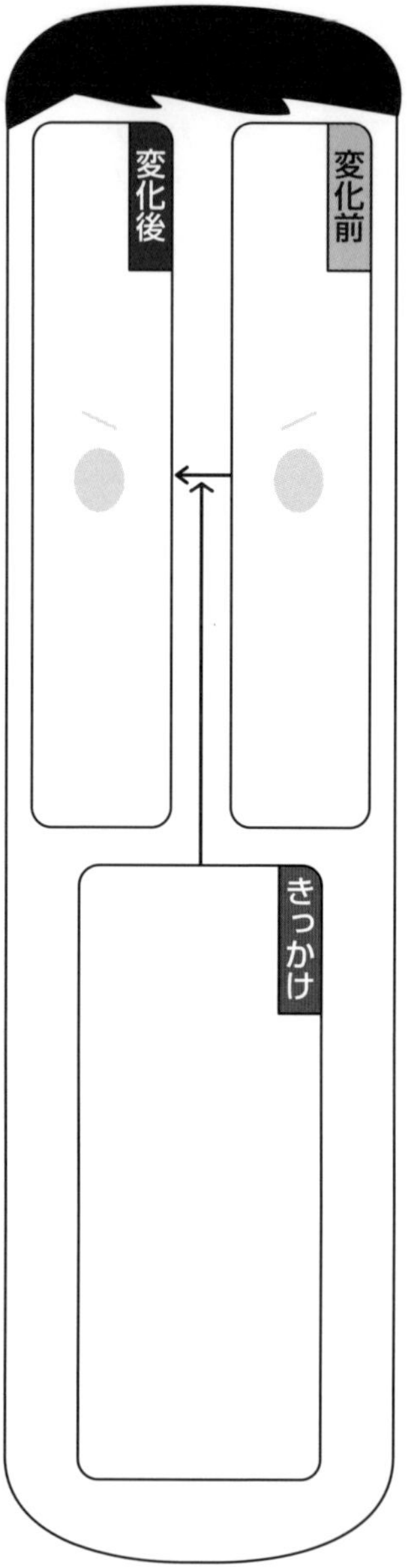

さあ、書けましたか？
変化前は、「バイキンマンに負ける」「顔がぬれて力が出ない」といったことを書きます。
きっかけは、たとえば「ジャムおじさんが新しい顔をつくってくれた」「バタコさんが新しい顔を投げてくれた」（バタコさん最強！）など、その時々で変わります。変化後は、「バイキンマンを倒《たお》す」ということですね。
この変化の三本柱を、いつでも使えるようにしておきましょう。

✓マイナスからプラスに変わるきっかけは、心情と人物関係の変化

マイナスからプラスに変わるものの種類は、いろいろあります。大きく分けると、「心情の変化」と「人物関係の変化」です。

心情の変化

〈　〉に入る言葉を考えてみてください。

嫌い　↓〈①　〉

情けない↓〈②　〉

①はすぐわかるでしょうが、②にはどんな言葉が入るか想像《そうぞう》できましたか？　もちろん一つの言葉に決まるわけではありませんが、選択肢《せんたくし》がある場合にも、見る前に「だいたいこんな答えかな？」と頭の中で予想するのは大事な戦略《せんりゃく》です。では、①と②を次から選びましょう。

ア　自信がついた　イ　好き　ウ　悲しい

まず、ウだけは選んではいけません。マイナスの心情から変化していないからです。

マイナス	プラス
悪意	善意
後ろ向き	前向き
臆病	大胆
傲慢	謙虚
失望	期待
自分勝手	思いやり
心配・不安	安心
消極的	積極的
絶望	希望
悲観	楽観
否定	肯定
不幸	幸福
不満	満足
冷淡	親切
ネガティブ	ポジティブ

①は「嫌い↓好き」。これは予想できますよね。マイナスからプラスになっています。②は「情けない↓自信がついた」となります。自分に対して「情けない」と思っていたのですから、自分に対して思いそうなプラスの心情を入れるということです。

✓マイナスとプラスの心情を表す言葉の組み合わせ

こういう変化をうまく表すためには、たくさんの言葉を知っていることが必要です。くわしくはまた解説していきますが、まずは上表のような心情の変化を表す言葉があると知っておいてください。あとで練習問題を出すので、少しでも覚えてしまいましょうね。

マイナス	プラス
敵対	**友好**
反感	**好感**
不信	**信頼**
軽べつ	**尊敬**
疎外感	一体感・連帯感
不和	円満
よそよそしい	親しい
あなどる	敬う
依存	自立
確執	和解
拒否	受容
軽視	重視・尊重
誤解	理解
嫉妬・ねたみ	あこがれ

人物関係の変化

〈　〉に入る言葉を考えてみてください。

仲が悪い　↓　〈①　〉

誤解　↓　〈②　〉

どんな言葉が入るか、想像《そうぞう》できましたか？今回は、とりあえず書き込《こ》んでみてください。

では、①から見ていきます。これは簡単《かんたん》。「仲が良い」「仲が良くなる」ですよね。

②はどうでしょう。「誤解が解ける」と書いても悪くはないのですが、ズバッと表現《ひょうげん》できる言葉を考えてみてください。たとえば、「理解《りかい》」「理解《りかい》できた」などはいいですね。

✓人物関係を表す言葉の組み合わせ

先ほども言いましたが、こういう変化をうまく表すために大切なのは、たくさんの言葉

練習問題

「心情の変化」を表す言葉

マイナス	プラス
①	善意
②	安心
③	積極的
④	楽観
⑤	幸福
⑥	満足

「人物関係の変化」を表す言葉

マイナス	プラス
⑦	友好
⑧	好感
⑨	信頼
⑩	尊敬

〈答えは25ページ〉

を知っていること。人物関係の変化を表す言葉も前ページの表にまとめておきますね。こちらは受験生でなければ、まだ全部を覚えなくてもいいでしょう。太字はとくに重要《じゅうよう》な言葉です。

✓マイナスとプラスの言葉を使いこなそう

それでは、最後に練習問題です。

上表に「心情の変化」を表すプラスの言葉が書いてあります。対応《たいおう》するマイナスの言葉を書き込《こ》みましょう。

すべて書けましたか？　できたら、隣にある「人物関係の変化」を表す言葉も書いてみましょう。

ここで出てきた10個の言葉は、ぜひ使いこなせるようになってください。記述問題を解く時にも、もっと大人びたレベルの高い記述（解答）ができるようになりますよ。

✓常識②物語文は子どもを成長させるために大人が用意したもの

「どうして、こんな物語文が出るんだろう？」と考えたことはありませんか？　あるいは、あなたがもっと小さい頃《ころ》に読んでもらった絵本は、どうしてあのような話だったのでしょうか。

「暗黙《あんもく》の了解《りょうかい》」と言われる、わざわざ教科書には書いていないけれど、大人はみんな知っている常識《じょうしき》があります。

それは、「**物語は子どもを成長させるために選ばれている**」ということ。

難《むずか》しい言葉で言うと、「道徳的な話」だということです。

たとえば次のような話なら、大人は子どもに読ませたくないと思うのではないでしょうか。

> 主人公の野原しん〇すけは、下品な言葉づかいをする男の子。余計《よけい》なことをして周囲に迷惑をかけたので、親に叱《しか》られました。親を呼び捨《す》てにするしん〇すけは、親に復讐《ふくしゅう》して、困らせてやりました。

マンガならこれでもおもしろいかもしれませんが、勉強のための物語としては最悪です。

では、どこがよくないのでしょう？　とくに気になるところを〇で囲んでみてください。

✓道徳的ではない物語は、試験問題には選ばれない

まず、「下品な言葉づかい」、イヤですね。でも、そこから心を入れ替えて言葉づかいを改《あらた》め、立派《りっぱ》な少年になっていくのなら、最初が下品でも問題ありません。マイナスからプラスになればいいのです。だから、下品というポイントだけでは「気になるところ」として○をつけられないかもしれません。

「周囲に迷惑をかけた」も、「親に叱《しか》られました」も、それが成長のきっかけになるのなら、決して悪いとも言えません。「親を呼び捨《す》てにする」もよくないですが、ひょっとしたら親との距離《きょり》感が近いということも考えられます。あえて、超好意的に読んでみました。

それよりひどいのは、「復讐《ふくしゅう》して、困らせてやりました」という点。これは絶対にやってはいけないことです。しかも、叱《しか》られたのは自分が悪いわけですからね。

だから、このような話を勉強で使うわけにはいきません。道徳的ではないからです。

✓道徳的な話とは、成長のための材料になる話

では、どんな話が道徳的なのでしょうか。

ひと言で表すなら、**成長**です。

「これまでに気づかなかったこと、わからなかったことを知って成長した」

「つらい経験《けいけん》を乗り越《こ》えて成長した」

そんな話を通じて、読む子どもにも成長してほしいと大人は思っているのです。

✓文章全体を理解する「鳥の目」と、細かく見ていく「虫の目」

これから読んでいく文章は難《むずか》しいかもしれません。

よくわからない人物が出てくることもあるでしょう。

でも、「それは**成長のための材料なのではないか。この話を読むことで、何らかの形で成長の大切さをわかってほしいのではないか**」という大人の意図《いと》を考えながら読んでみてください。

本書を読み終えて、たくさんの問題を解いていく中で、「はいはい。またマイナスからプラスになる成長物語ね」と思えるようになってほしいのです。

私はこれを「鳥の目」と呼んでいます。

文章全体の構造《こうぞう》を理解《りかい》すること、把握《はあく》することが大切なのです。

文章全体を理解する「鳥の目」と、細かく見ていく「虫の目」を身につけよう

もちろん選択肢《せんたくし》を選ぶ問題や、抜《ぬ》き出し問題などが解けるようになるためには、細かく見ていく「虫の目」の力も必要です。

でも、その前に「今回はこんなお話なんだな」「こんな人物関係になって、こんなふうに気持ちが変化しているな」と、広い視野《しや》で文章を読めるようになってほしいのです。

だから、この本では接続語の問題や、指示語を探すような問題はまったく入っていません。

ええ、〝普通《ふつう》〟の国語の問題集ではないのです。

「接続語の章も、指示語の章もないなんておかしい！」と怒《おこ》らないでくださ

い。

この本を通じて、物語文の型《かた》を知ること、そしてどんな人物関係なのかを把握《はあく》したり、次の展開《てんかい》を予想したりする力を養っていきましょう。

本当に国語が得意になるために、あるいは苦手な状態《じょうたい》を抜《ぬ》け出して文章を読めるようになるためには、「鳥の目」と「虫の目」の両方が必要なのです。

20ジの練習問題の答え

①悪意 ②不安（心配） ③消極的 ④悲観
⑤不幸 ⑥不満 ⑦敵対 ⑧反感 ⑨不信
⑩軽べつ

第1章　まとめ

常識① 物語文には変化がある。マイナスからプラスに変化する。

常識② 物語文は子どもを成長させるために大人が用意したもの。

✓ 変化にはきっかけがある。「メガネくん」で変化を押《お》さえよう。

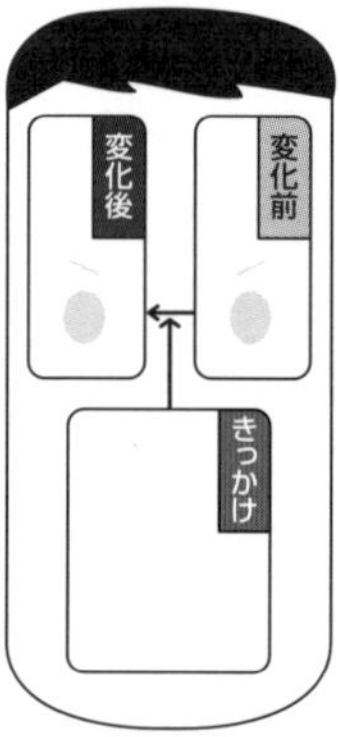

✓ 心情の変化、人間関係の変化を表す言葉の組み合わせを覚えよう。

例

消極的↔積極的《せっきょくてき》、悲観↔楽観、不満↔満足、
不信↔信頼、敵対《てきたい》↔友好

✓ 道徳的な話は、成長のための材料になる話。

2

人物関係のレッスン
【リード文に注目しよう】

リード文で人物関係を読み取ろう

✓リード文は、出題者からのプレゼント

物語文を解く時、なんとなく読んでしまっていませんか？　そういうふうに読んでいると、「登場人物の名前を忘れてしまった」「〇〇をしたのは誰《だれ》だっけ？」とゴチャゴチャになってしまうことがあります。いちいち人物関係を整理して読んでいては面倒くさいし、楽しめませんから、小説の時はそういう読み方でもいいでしょう。

でも、国語のテストで点数を取れるようになりたいなら、まずは人物関係を整理しながら読んでいくようにしましょう。

物語のあらすじを要約《ようやく》したリード文がある場合には、要注意です。

「ふ～ん」と読み飛ばしてはいけません。何のためにリード文があるのか知っていますか？　**解く人が困らないように、リード文をつけている**のです。「登場人物の名前や、どんな人かがわからずに、いきなり話が始《はじ》まったら大変だろうなぁ。よし、ちょっとヒントになることを

リード文は出題者からのプレゼント

小学校5年生の山田太郎くんは、
野球部でキャッチャーとして活躍。
3歳年下の妹がいて…
主人公がどんな人か
わからないと受験生が
困るだろうから、
リード文で説明してあげよう

書いておいてあげよう」。リード文は、そんな出題者からのプレゼントです。

あなたは、せっかくもらったプレゼントをゴミ箱《ばこ》に入れていませんか？

ここでは、中学受験の有名校で出題されたリード文だけを読んで、人物関係を整理する練習を積んでいきましょう。

「えっ、リード文だけ？」と思いますよね。そこだけを取り上げた勉強なんてしたことないと思います。

でも、それが大事なのです。すぐに読み進めずに、じっくりと考えながら読んでいきましょう。

✓リード文から登場人物を書き出し、話を予想しよう

芝中学出題

小学5年生の「ぼく」（野崎翔太《のざきしょうた》）は、将棋《しょうぎ》を始《はじ》めてから負けたことがなかったが、半年ほど経《た》ち小学2年生の山沢貴司《やまさわたかし》との対局で初めて負けた。その悔《くや》しさから、しっかりと棋譜《きふ》の研究をして山沢《やまさわ》君への対策《たいさく》を練ってきた。

①登場人物が2人います。〇で囲んでください。
②この本の空いているスペースか紙に、2人の名前を書いてみましょう。
③どんな関係か、主人公「ぼく」がどんな人か、どういうことを思っているか、ひと言でいいから書いてみましょう。

できましたか？　読むだけではダメですよ。
一度、手を動かしましょう。
次のような図になっていればOKです。

関係図を書こう

㊟ 野崎翔太（小5） 将棋強い
負けて悔しい
対策を練った
→ 山沢貴司（小2）

ちなみにこのあとは、どんな話になると思いますか？

ア 「ぼく」は山沢《やまさわ》君に勝つことができた。

イ 「ぼく」は山沢《やまさわ》君に負け続けた。

物語文がマイナスからプラスに変化するという「常識《じょうしき》」からすると、アの可能性《かのうせい》が高そうです。もちろん、イで「ぼく」が自分の未熟さを知って成長するという話になる可能性《かのうせい》もあります。

✓予想した話と違っても、修正していけばいい

えっ!? 先を予想したらダメだと教わった？ 確かに文章の読み方はいろいろあるし、先生によってアプローチも異《こと》なります。「客観的《きゃっかんてき》に読まなければならない」という指導法もあるでしょう。

でも、私は「そんなことができる小学生がどれくらいいるのかな？」と疑問に感じています。だからこそ、「次にこうなるだろう」と予想して読むことに賛成です。もし違《ちが》っても、「あっ違《ちが》った。そうか、こうなるのか」と修正《しゅうせい》する力を身につけていけばいいと思います。

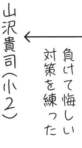

✓登場人物を押さえて、主人公の気持ちを考えよう

甲陽学院中学出題

中学三年で水泳部員の高森翔馬《たかもりしょうま》は、タンデム自転車の事故で同じく水泳部員だった双子《ふたご》の兄の颯馬《そうま》に足のけがを負わせてしまった。以下は、無理をしてプールで倒れ、保健室に運ばれた後の場面である。

大変な場面ですね。さあ、さっきと同じことをやってみましょう。

①登場人物を○で囲んでください。

②この本の空いているスペースか紙に、名前を書いてみましょう。

③どんな関係か、主人公がどんな人か、どういうことを思っているか、ひと言でいいから書いてみましょう。

次ページの図と似《に》ていればOKです。

関係図を書こう

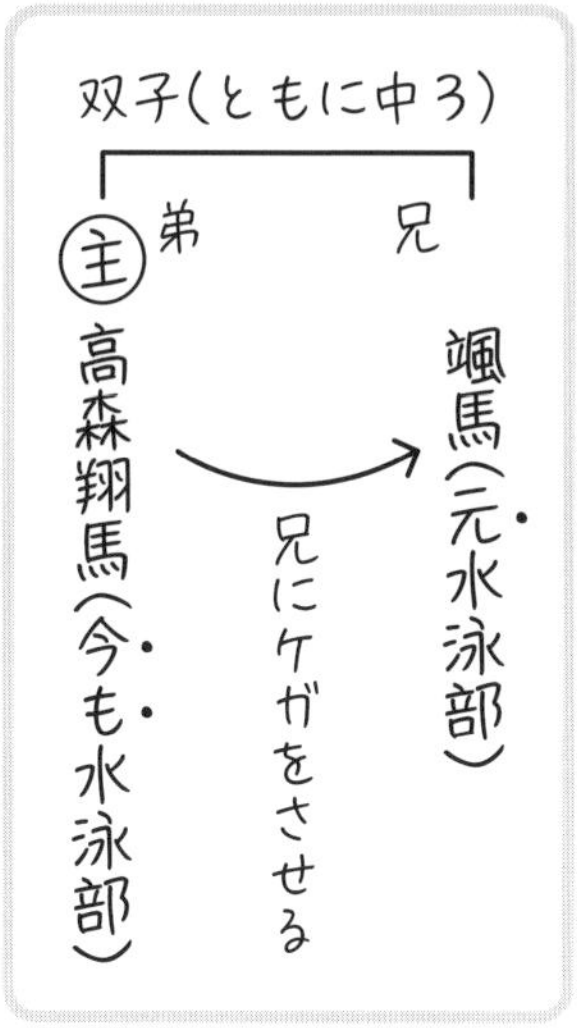

そこまで図に書く必要はありませんが、「高森《たかもり》翔馬《しょうま》は、きっと双子《ふたご》の兄に対して申し訳ないと思っているだろうな。罪悪感《ざいあくかん》を感じているだろうな。だから無理をしてプールで倒《たお》れてしまったのかもしれないな」といったことを頭に入れて、読み進めていきましょう。

えっ!? この先どうなるかって? これだけでは、予想するのが難《むずか》しいですね。ただ、すでに事件が起こってマイナスの状況《じょうきょう》ですから、プラスになっていくと考えられそうです。

海城中学出題

矢代大地《やしろだいち》(「俺《おれ》」)は中学二年生。入学直後の実力テストで学年一位になったが、その後はどんなに頑張《がんば》っても二位だった。悔《くや》しがる大地《だいち》だが、とあるきっかけで、常にトップの生徒が教室では影《かげ》のうすい百井裕樹《ももいゆうき》であることを知ってショックを受ける。が、トップであることをひけらかすこともなく、常に謙虚《けんきょ》な百井《ももい》の人がらにふれ、大地《だいち》は百井《ももい》との関係を深めていく。そんなある日、一緒《いっしょ》に県内トップの進学校へ進学するつもりでいた大地《だいち》に、百井《ももい》は中三になる四月に引っ越《こ》すことになったと告げる。

登場人物の名前だけではなく、性格や人物関係までわかりそうですね。

さあ、先ほどと同じことをやってみましょう。

①登場人物を○で囲んでください。

②この本の空いているスペースか紙に、名前を書いてみましょう。

関係図を書こう

③どんな関係か、主人公がどんな人か、どういうことを思っているか、ひと言でいいから書いてみましょう。

だんだん慣《な》れてきましたか?

✓想像する習慣で、国語が得意科目になっていく

「百井《ももい》が引っ越《こ》すことでどうなっていくのだろう」と気になりだしたなら、階段を一歩のぼったということ。国語が得意になるきっかけをつかんでいます。そうやって想像《そうぞう》したり考えたりすることで、賢《かしこ》くなっていくのです。

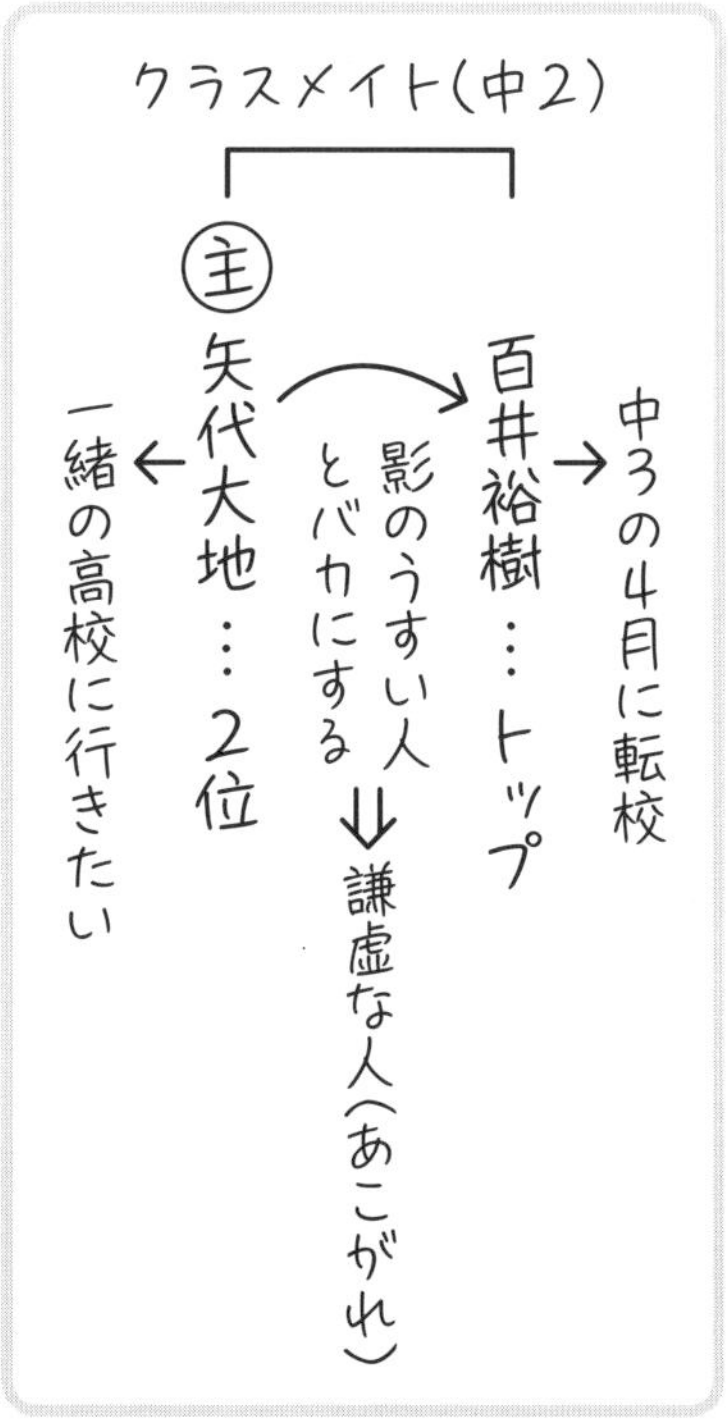

✓登場人物が増えても、まずは全員を押さえておこう

鷗友学園女子中学出題

翌週行われる校内百人一首大会で、中学一年の「ぼく」（清野《きよの》）は、足立《あだち》くんと飯島《いいじま》さんと同じチームになった。練習では、「ぼく」は四十枚、二人は五枚と四枚という結果でチームは負けてしまった。その日の放課後、飯島《いいじま》さんが百人一首の特訓をしてほしいと頼《たの》んできたが、「ぼく」は頼《たの》みを断った。その後、塾《じゅく》が終わって帰る「ぼく」に足立《あだち》くんが話しかけてきた。

①登場人物が増えましたね。全員を○で囲んでください。

②この本の空いているスペースか紙に、登場人物の名前を書いてみましょう。

③どんな関係か、主人公「ぼく」がどんな人か、どういうことを思っているか、ひと言でいいから書いてみましょう。

関係図を書こう

次ページのような図になっていればOKです。

人物関係を整理するだけでも、どんな展開《てんかい》になっていくのか予想できそうですね。

足立《あだち》くんは、何のために「ぼく」に話しかけたのでしょう？

ア　「ぼく」にもう一度百人一首の勝負を挑《いど》みにきた。

イ　「ぼく」に百人一首の特訓をしてほしいと頼《たの》みにきた。

ウ　「ぼく」を殴《なぐ》りにきた。

エ　その他

ごめんなさい。一つだけ冗談があります。ウです。いや、ウだって可能性《かのうせい》がまったくないわ

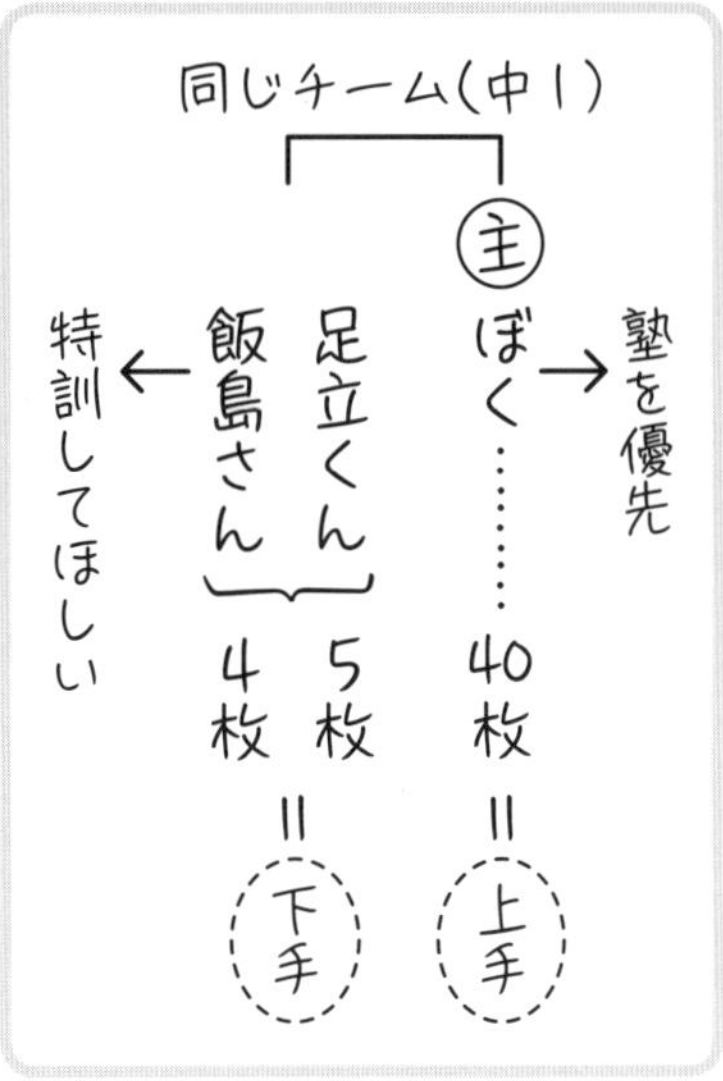

けではありません。「飯島《いいじま》さんのお願いを断るなんて、『ぼく（清野《きよの》）』はひどいやつだ。許せない！　殴《なぐ》ろう！」となる可能性《かのうせい》も…。やっぱり、やりすぎな感じはしますね。

さて、そうするとアかイが自然そうですね。

あなたはどちらだと予想しますか？

あるいは、エでしょうか？

別に外れていても問題ありません。「そうだったのか、予想と違《ちが》ったな」と思って修正《しゅうせい》すればいいだけです。ちなみに、正解はエ。

「あれだけアかイが自然だと言っていたくせに！」と怒《おこ》っている人が500人くらいいるかもしれませんね。すみません…。

私もイかなと思っていたのですが、実際《じっさい》に読み進めたらまったく違《ちが》いました。飯島《いいじま》さんがどうして優勝したがっているのかといった世間話《せけんばなし》で、とくに大きな目的はなかったのです。

では、もう1問。最終的に「ぼく」、足立《あだち》、飯島《いいじま》は百人一首を一緒《いっしょ》にやるでしょうか？

ア　一緒《いっしょ》にやる。

イ　一緒《いっしょ》にやらない。

さあ、どちらでしょう？「どうせ予想を裏切るんでしょ」と思わないでください。これは、物語文の「常識《じょうしき》」に沿って考えれば簡単《かんたん》な問題です。

正解はア。チームを組んで大会に挑《いど》んでいくのです。続きが気になりますよね。これは『給食アンサンブル』（如月かずさ）という本です。興味《きょうみ》があったら読んでみてくださいね。

さて、次に進みましょう。

✓リード文から、重大な情報を読み取る

筑波大学附属駒場中学出題

北海道の小樽市《おたるし》に住んでいる小学四年生の西村朝日《にしむらあさひ》は、お父さんと信用組合に勤めているお姉ちゃんとの三人で暮らしています。

①登場人物全員を、○で囲んでください。
②この本の空いているスペースか紙に、登場人物の名前を書いてみましょう。できれば、家系図《かけいず》のように書いてみてください。

関係図を書こう

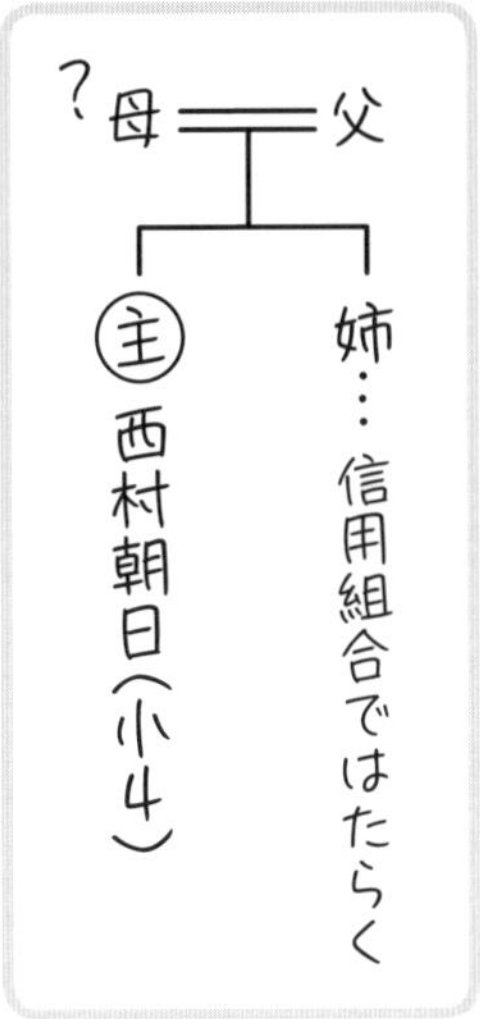

さらっと読んだ人、重大な情報に気づきましたか？

もしかしたら、家系図《かけいず》がどんなものかわからなかったかもしれません。家系図《かけいず》とは上図のようなものです。

たぶん気づいたことがあったと思います。お母さんがいないことです。わざわざ「お母さんがいない」とは書いてありませんが、読めばわかるようになっています。これが重大な情報だからこそ、リード文が必要だったのです。

✓難関校になればなるほど、「大人の視点」が求められる

浅野中学出題

高校三年生でサッカー部員の宮島大地《みやじまだいち》（＝「ぼく」）は、中学に入学したころ母と死別し、独身の伯母《おば》さん（＝母の姉である絹子《きぬこ》）に引き取られて、二人で暮らしている。六月の日曜の午後、伯母《おば》さんの交際相手の男性（＝田崎《たざき》さん）が、二人の家にやって来た。

さらっと読んで、すぐに状況《じょうきょう》が把握《はあく》できた人はすごいと思います。もしかしたら、ドラマの

見すぎかもしれません。

①登場人物全員を、〇で囲んでください。
②この本の空いているスペースか紙に、登場人物の名前を書いてみましょう。できれば、家系図《かけいず》のように書いてみてください。
③主人公（ぼく）がどんな人か、ひと言でいいから書いてみましょう。

関係図を書こう

今回の状況《じょうきょう》は、複雑《ふくざつ》すぎますね。次ページのような図です。

一つ、疑問が浮《う》かぶはずです。いや、ここまで読んで何の疑問も浮《う》かばなかったらいけません。

「お父さんはどうしたのだろう？」、そう思いましたよね。

もともと、**中学受験では親子愛が主要なテーマ**でしたし、今でもよく出題されます。でも、**最近は両親の片方がさまざまな事情（死別《しべつ》、離婚《りこん》）でいないというケースが当たり前のように出題されてきています**。

「まだ小学生には早いのでは？」と思うかもしれませんが、**難関校ほど「大人の視点《してん》」「大人の常識《じょうしき》」を持っている人を求《もと》めます**。難関校を目指《めざ》す以上は、遅くとも5年生のうちには大人

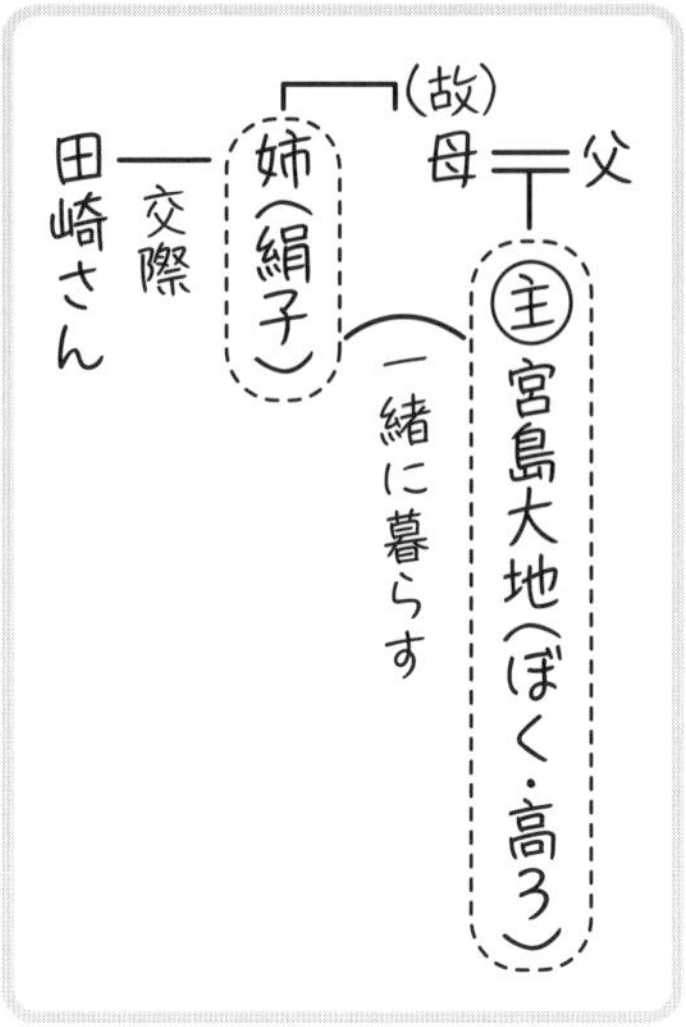

の常識《じょうしき》のテーマにも触《ふ》れ始《はじ》めるべきでしょう。

でも、今回はさらに複雑《ふくざつ》そうですね。ん!? どんな話になるのかまったく予想がつかない？ それでいいんです。大事なことは、まず人物関係を整理して読み誤《あやま》ることがないようにすること。予想は「できたらしてみよう」程度《ていど》でいいのです。

今回のリード文では、先を予想すること自体が難《むずか》しいでしょうし、当たらない可能性《かのうせい》が高そうなら、予想せずに読み進めてしまいましょう。

✓負の感情や隠された気持ちを読み取ろう

豊島岡女子学園中学出題

高校一年の給前志音《きゅうぜんしおん》は、父親を中学生の時に亡《な》くしている。幼稚園《ようちえん》からの親友だった青山瑠《あおやまる》璃《り》と別々の高校に進学してから、志音《しおん》は毎日昼休みに屋上に行き、一人で弁当を食べている。一方、吹奏楽部《すいそうがくぶ》の部長の日向寺大志《ひゅうがじたいし》は、ある日屋上でドラムを叩《たた》くような動きをしていた彼女《かのじょ》を吹奏楽部《すいそうがくぶ》に勧誘《かんゆう》しようと思い立っていた。

「またですか」と思った人、賢《かしこ》いですね。今回は父親を亡《な》くしています。筑波大学附属駒場中、浅野中、豊島岡女子学園中。偶然なのでしょうが、すべて同じ年の同じ日にこういった文章が出題されました。

①登場人物全員を○で囲んでください。

②この本の空いているスペースか紙に、登場人物の名前を書いてみましょう。できれば、家系図《かけいず》のように書いてみてください。

③主人公がどんな人か、ひと言でいいから書いてみましょう。

関係図を書こう

さて、部長の大志《たいし》は志音《しおん》を吹奏楽部《すいそうがくぶ》に勧誘《かんゆう》しますが、志音《しおん》は入部するでしょうか、しないでしょうか？

ア　すぐ入部する。

イ　最初は入部しないと返答したが、最終的には入部する。

ウ　最初は入部すると返答したが、最終的には入部しない。

エ　最初に入部しないと返答したし、最終的にも入部しない。

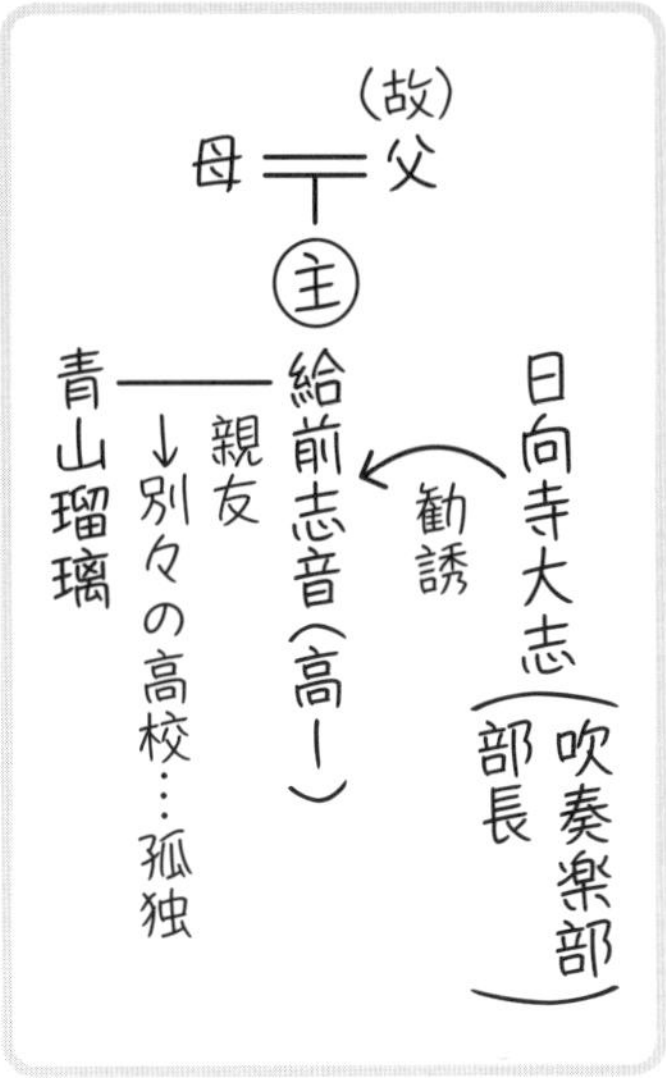

「なんだよ、二択じゃないのか」と思ったあなた、いいですね。そうやって、ちょっと斜《しゃ》に構《かま》えた人は、国語が得意になるんですよ。

読解《どっかい》は、人間の感情を素直《すなお》に読めればいいというものでもないのです。負の感情や、隠された気持ち、態度と気持ちが一致《いっち》していない…といったことまで読み取っていく必要があります。

さて、この問題の答えはどれでしょう？

ウではプラスからマイナスの話になるし、エは展開《てんかい》の変化がないから、「物語として成立しないな」と思ってほしいです。なお、入試問題では、最初「入部しない」と返答しますが、入部するほうに心が傾《かたむ》いていったところで終わっています。イと選んだ人が正解です。

✓最初は面倒でも、登場人物を書き出す習慣をつけよう

本当に国語が得意な人なら、わざわざ人間関係を書き出さなくても頭の中で整理して、必要に応《おう》じて脳内で情報を書き足《た》すことができるでしょう。

でも、得意というわけではないのなら、大きな読み間違いをせずに国語を安定して得点できるようになるために、少しでも書いて整理する習慣《しゅうかん》をつけてくださいね。

第2章　まとめ

✓ リード文は出題者からのプレゼント。じっくり読もう。

✓ リード文から登場人物を書き出し、話を予想しよう。

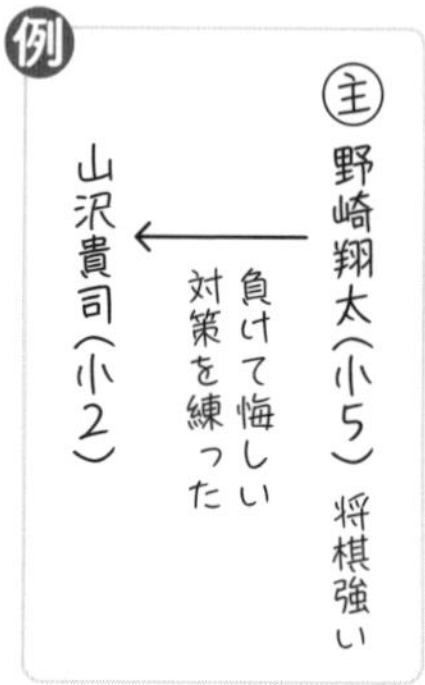

✓ 人物関係の図には、人間関係や性格、今の状況《じょうきょう》もひと言で表そう。

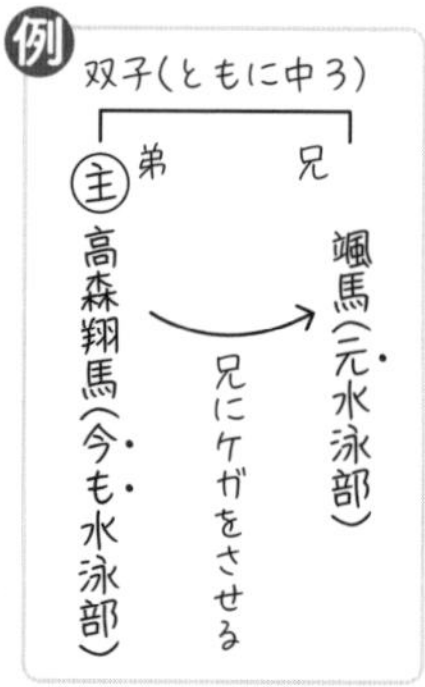

✓ リード文から、父（あるいは母）の「不在」という重大な情報を読み取ろう。

✓ 難関校になればなるほど、大人の視点《してん》が必要。

3

人物関係のレッスン
【導入部から関係図を作成しよう】

導入部分から人物関係を読み取ろう

✓リード文がないパターンから、人物関係を読み取る

少しずつ、人物関係を整理できるようになってきたのではないかと思います。ここでは、リード文がないパターンの練習と、リード文の先まで読んだうえで人物関係を整理する練習をしていきましょう。

ちょっと文章が長くなりますが、まず出てきた人物に○をつけながら読んでいきましょう。

洗足学園中学出題

「あかり」

そこでまた、名前を呼《よ》ばれた。

えっ、この声……。

あかりは、ふたたび顔をあげた。

そして、待合室の入り口に立っている人たちを見て、頭がクラッとなるほど驚《おどろ》いた。

草野たき『グッドジョブガールズ』

待合室の入り口には、由香《ゆか》と桃子《ももこ》と黒沢《くろさわ》先生が立っていた。

きいてない。

おばさんから、黒沢《くろさわ》先生があとでくるとはきいていたけど、由香《ゆか》や桃子《ももこ》までくるなんてきいてない。

なんでいるの？

なんできたの？

今、一番会いたくないふたりなのに。こんなときだから会いたくないふたりなのに……。

①登場人物全員を○で囲んでください。
②この本の空いているスペースか紙に、登場人物の名前を書いてみましょう。家系図《かけいず》は必要なさそうですね。
③主人公がどんな人か、どんな思いを持っているのか、ひと言でいいから書いてみましょう。

今回は、登場人物が4人います。全員、見つかりましたか。えっ!? 「5人じゃないか」って？

関係図を書こう

確かにおばさんを入れたら5人ですが、この場面にはいないので入れなくてもいいでしょう。

今回のポイントは、あかりの気持ちです。由香《ゆか》と桃子《もも こ》には来てほしくなかったことがわかります。

人物関係が整理できたら、ある疑問が浮《う》かんでくるはずです。「どうして来てほしくないのかな？」と。そう思いながら読み進めていけるといいですね。

✓ある感情が生まれる理由を考える

では、ここで問題です。物語の5行目に「頭がクラッとなるほど驚《おどろ》いた」とありますが、それはなぜでしょう？　20字以上、25字以内で書きなさい。

「由香《ゆか》と桃子《ももこ》と黒沢《くろさわ》先生が立っていたから。」では20字以上まで1文字足《た》りませんし、そもそもどこに驚《おどろ》いたのかはっきりしません。黒沢《くろさわ》先生があとで来ることは、おばさんから聞いていたので、そんなに驚《おどろ》くわけありませんよね。

ですから、この答えでは×です。もし点数をもらえても、4点中1点くらいでしょう。

では、どこに驚《おどろ》いたのかと言うと「由香《ゆか》や桃子《ももこ》が来たから」ですよね。

このことがわかるようにしなければなりません。

・「黒沢《くろさわ》先生だけでなく、由香《ゆか》や桃子《ももこ》も来たから。」(21字)

・「いないはずの由香《ゆか》や桃子《ももこ》が待合室の入り口にいたから。」(25字)

第4章の「感情のレッスン」でもくわしく説明しますが、**「驚《おどろ》く」という気持ちが生まれるということは、「予想」と「現実」が異《こと》なっていたから**です。その分、対比《たいひ》を使って「いないはずなのにいた」「黒沢《くろさわ》先生だけのはずなのにいた」というような書き方にすると、高得点を取れるでしょう。

✓「気持ち」をひと言で表す練習をしよう

では、次の文章です。同じように、はじめての登場人物が出てきたら○で囲んでくださいね。

吉祥女子中学出題

まはら三桃「最後の気持ち」（『なみだの穴』所収）

つぎの日、病院に行くと、ベッドは空だった。兄ちゃんは、リハビリに行っているらしい。

キャビネットの上の色紙を手にとった。昨日《きのう》きちんと立てかけたのに、またふせられていた。

〝治ったら、160キロが投げられるぞ〟

〝がんばれ第二のダルビッシュ〟

〝甲子園《こうしえん》、日本のプロは当たり前、めざせ大リーグ〟

兄ちゃんへのメッセージがびっちり書いてある。クラブのチームメイトからのお見舞《みま》いだ。

兄ちゃんは、この色紙をどんな気持ちでふせたのだろうか。

悔《くや》しかったのだろうか。それで、もう見たくないのだろうか。島田くんも同じ気持ちなのだろうか。

試合のスタメンが発表されてから、島田くんはおれのことを見ない。あいさつをしてもシカトされるから、思いこみじゃないだろう。

きっと、おれになんか任《まか》せられないと思っているんだ。昨日《きのう》も、おれのコントロールはさんざんだったから。連打を浴びた上に、何人にも盗塁《とうるい》されて、大量点をとられた。

①登場人物全員を○で囲んでください。

②この本の空いているスペースか紙に、登場人物の名前を書いてみましょう。家系図《かけいず》は必要そうですね。

③主人公がどんな人か、どんな思いを持っているのか、ひと言でいいから書いてみましょう。

関係図を書こう

今回は島田くんも図に入れて書きましょう。「試合のスタメンが発表されてから、島田くんはおれのことを見ない」とあるので、実際《じっさい》にその場面にいます。

今回のポイントは「おれ」の気持ちです。「おれ」が兄ちゃんや島田に対して持っている感情は、書いておきたいですね。

では、問題です。

――部（傍線部《ぼうせんぶ》）の「昨日《きのう》も、おれのコントロールはさんざんだったから。連打を浴びた上に、何人にも盗塁《とうるい》されて、大量点をとられた」から読み取れる「おれ」の気持ちを5字以内で

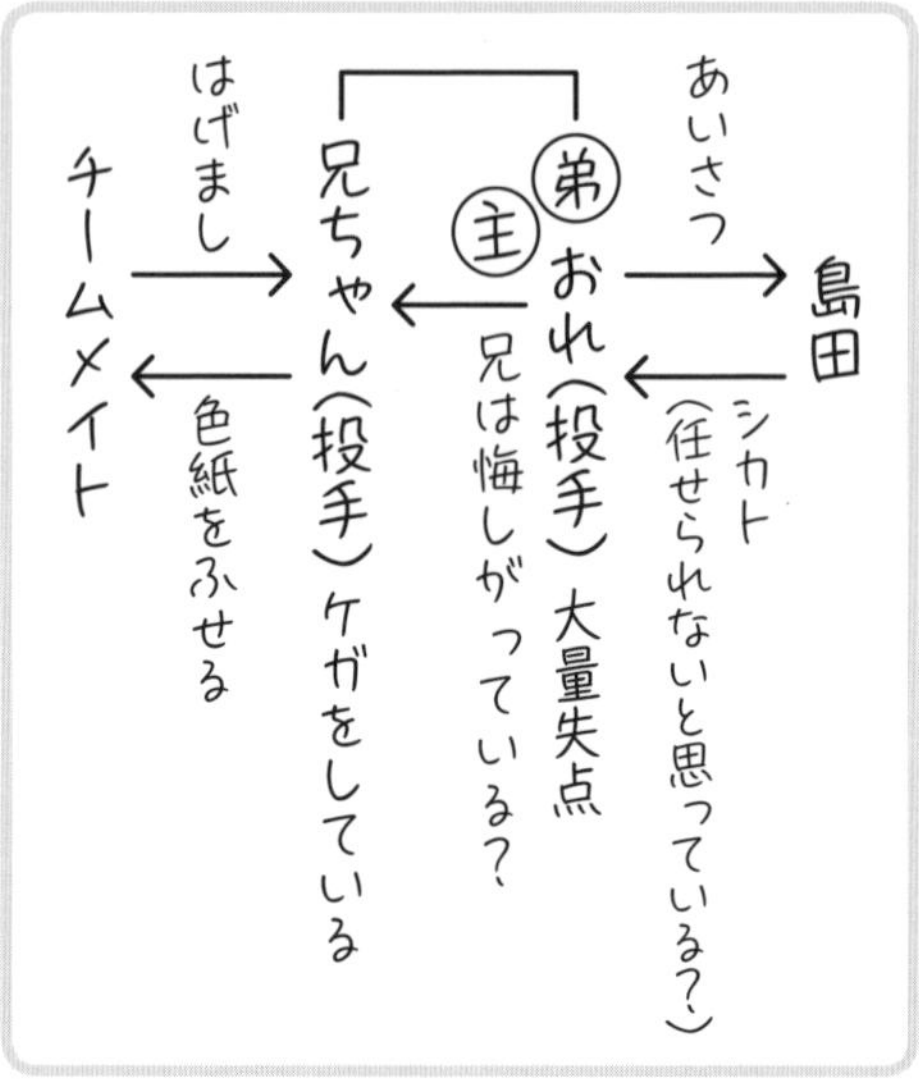

書きなさい。

□□□□□

ん？　5文字では短すぎて文章を書けない？ひと言で答えてくれればいいのです。あれこれ説明する前に、「まずこの時の気持ちをひと言で表すと…」という練習は効果的《こうかてき》です。

どうしても思いつかない人は、次の中からあてはまりそうなものをすべて選んでください。

ア　情けない
イ　晴《は》れやかだ
ウ　ふがいない
エ　うれしい
オ　迷惑だ

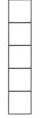

わからない時は、まずプラスかマイナスかで判断《はんだん》するようにしましょう。

今回は、もちろんマイナスですよね。コントロールが定まらず、大量点を奪《うば》われて喜んでいるピッチャーがいるはずありません。だから、イとエは選んではいけません。


さて、オなのですが、マイナスであっても今回の気持ちとは異《こと》なります。別に、兄ちゃんや島田に対して迷惑だなんて思っていませんよね。むしろ「自分に任《まか》せてもらえないだろう」と自分を責めています。難《むずか》しい言葉を使うと、自責《じせき》の念《ねん》にかられているのです。

ですから、答えはアとウになります。

新しい言葉を覚えたら、ぜひ使ってみましょう！

「ほら、まだ学校の準備をしていないじゃない！」と親に怒《おこ》られたら、「はぁーい」と面倒くさそうに言うのではなく、「そうだった。情けない。ああ、ふがいない」と言ってみてください。

さすがに「自責《じせき》の念《ねん》にかられる」は言いすぎですが、覚えた言葉は使っていく中で自分のものになっていきますよ。


次の話はまったく別の物語文ですが、今回の物語文と共通点があります。読み取ることができるでしょうか。

✓「マイナスからプラス」を思い出そう

ラ・サール中学出題

いとうみく『朔と新』

新《あき》は、ブラインドマラソン（視覚に障がいのある人が参加するマラソン）を始《はじ》めてまもない兄の朔《さく》の伴走者《ばんそうしゃ》をつとめている。一年前、朔《さく》と新《あき》が乗る予定だったバスの便を新《あき》の都合で変更《へんこう》したが、そのバスが事故を起こし朔《さく》は視力を失った。中学時代、長距離《ちょうきょり》走者として注目を浴びていた新《あき》だったが、兄が視力を失ったことに責任を感じ、事故以降《いこう》、選手として走ることをやめてしまっていた。

「まあいいや、で、メールどう思った？」

新《あき》は唇《くちびる》を噛《か》んだ。

まだ見ていなかった。というより見られなかった。

数時間前、境野《さかの》に代わりの伴走者《ばんそうしゃ》を見つけてほしいと頼《たの》んだときは本気だった。それはうそではない。自分は伴走者《ばんそうしゃ》に向いていないし、これから続ける自信もなかった。代わりを探してくれと頼《たの》んだのも、それを望んだのも新《あき》自身だ。なのに、いざとなると胸《むね》がざわついた。

①登場人物全員を、〇で囲んでください。
②この本の空いているスペースか紙に、登場人物の名前を書いてみましょう。家系図《かけいず》は必要そうですね。
③主人公がどんな人か、どんな思いを持っているのか、ひと言でいいから書いてみましょう。

関係図を書こう

新《あき》と朔《さく》は兄弟です。朔《さく》はバスの事故で視力を失っています。新《あき》の都合で乗るバスを変更《へんこう》したことで、事故に巻き込《こ》まれたのです。

このリード文から、一つ前の話との共通点に気づきませんか？

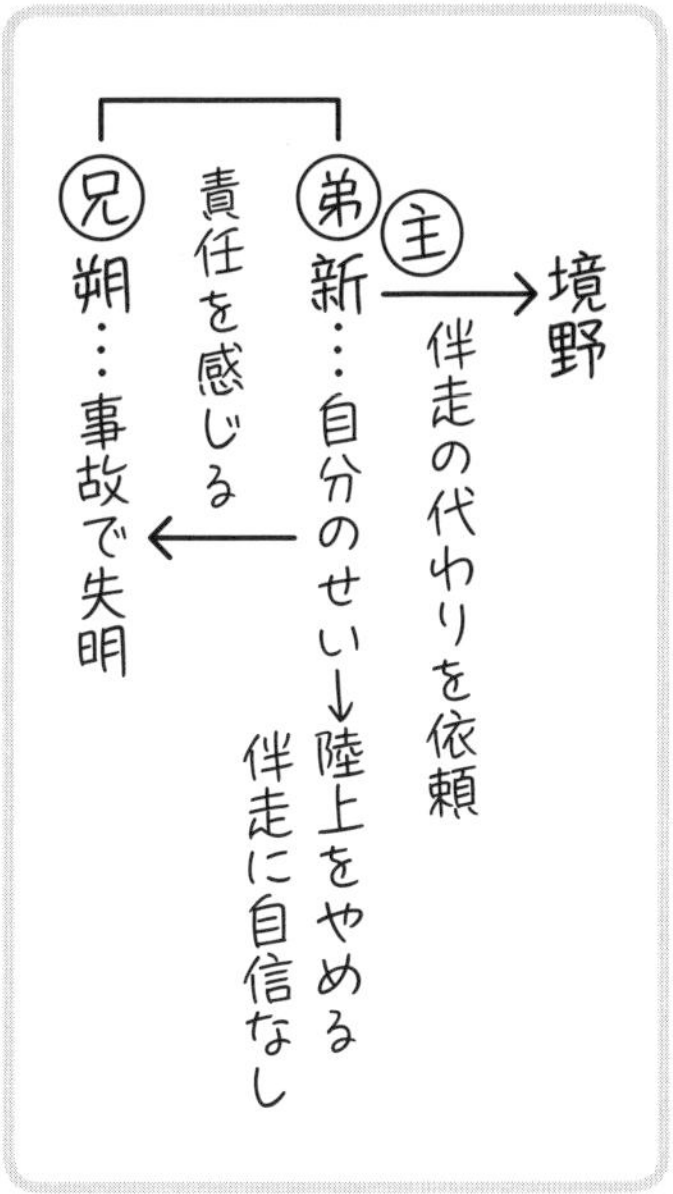

新《あき》は自責《じせき》の念《ねん》にかられています。「自分の都合で乗るバスを変えたから朔《さく》は事故にあった」と責任を感じているのだろうと読み取れます。だから、長距離《ちょうきょり》選手として注目を浴びていたのに、選手として走ることをやめてしまったのです。

まずリード文から人物関係を書いた人

は、上図より少し量が少ないですよね。本文のはじめの情報が追加されているからです。それは「自分には伴走者《ばんそうしゃ》は向いていないし、続ける自信もない」ということです。そこまで図にしたいですね。

さて、マイナスの状況《じょうきょう》から始《はじ》まった物語文ですが、きっとプラスになりそうだということは予想できますよね。では、マイナスからプラスに変わるきっかけはいったい何でしょう？
え!? わかるわけない？ もちろんです。一瞬《いっしゅん》でわかるような話なら、小説としておもしろくありませんよね。でも、図にすると次のような型《かた》になるのはわかるのではないでしょうか。

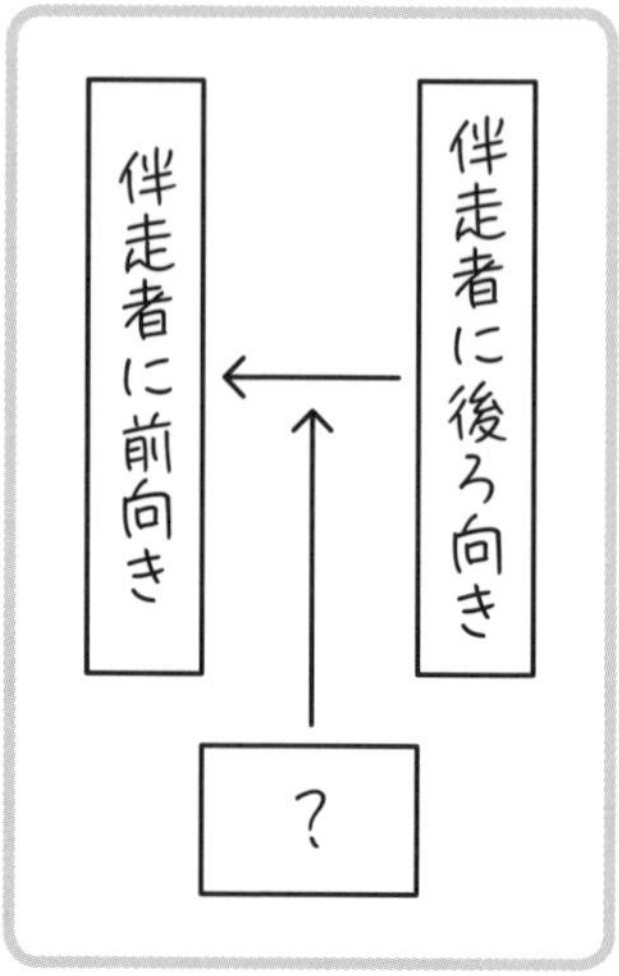

「何がきっかけで変化したのだろう？」と思いながら読んでいくといいのです。続きが気になりますよね（気にならない、と言われたら悲しい…）。
では、少し紹介《しょうかい》しますが、せっかくだから変化の理由を三択問題にするので、どれなのか考えてみてください。

ア　朔《さく》の視力が奇跡的《きせきてき》に回復し、1人でマラソンに出られるようになる。
イ　視力を失うことになった事故の話をすることで、トラウマを乗り越《こ》える。

ウ　新《あき》が朔《さく》との関係を断って、お互いが自立するようになる。

とりあえず、ウは道徳的ではありませんよね。むしろ2人の関係が悪化《あっか》するなら、マイナスからプラスになりません。そうすると、アかイのどちらでしょう。

別に、先の話を予想できなければいけないということはないのですが、たくさんの物語文を読み進める中で、「常識《じょうしき》②**物語文は子どもを成長させるために大人が用意したもの**」という視《し》点《てん》で考える習慣《しゅうかん》はつけてほしいと思います。そうやってセンスが磨《みが》かれていくのです。

正解はイ。事故の話なんて思い出したくもないし、話したくないはずですよね。でも、そのことに向き合って、乗り越《こ》えていくことで成長していく——そんな場面が続いていくのです。ちなみに、この『朔《さく》と新《あき》』（いとうみく）は、海城中、市川中、東邦大学付属東邦中など多くの難関校で出題されましたよ。

✓マイナスからプラスの伏線を読み取ろう

次は大人の話です。

青山学院中等部出題

青山美智子「のびゆくわれら」（『木曜日にはココアを』所収）

幼稚園《ようちえん》の先生になって1年半の「私」は、園では「えな先生」と呼ばれている。園には「ネイル禁止」という暗黙《あんもく》のルールがあったが、9月のある日「私」はネイルを落とし忘れて出勤してしまった。しかし翌日からはある「理由」でネイルをつけて出勤すると…

「事務室に来て」

閉園のあと、片づけをしていたら泰子《やすこ》先生が私の耳元でぼそりと言った。金曜日の夕方のことだ。同僚《どうりょう》数人から心配と好奇《こうき》の混ざった視線で見送られつつ、私は泰子《やすこ》先生の後についていった。

泰子《やすこ》先生は勤続15年のベテランで、「化粧《けしょう》をしない先生」だ。

①登場人物全員を○で囲んでください。

②この本の空いているスペースか紙に、登場人物の名前を書いてみましょう。家系図《かけいず》は必要ないですね。登場人物が対比《たいひ》されているのがわかりますか？

③主人公がどんな人か、ひと言でいいから書いてみましょう。

関係図を書こう

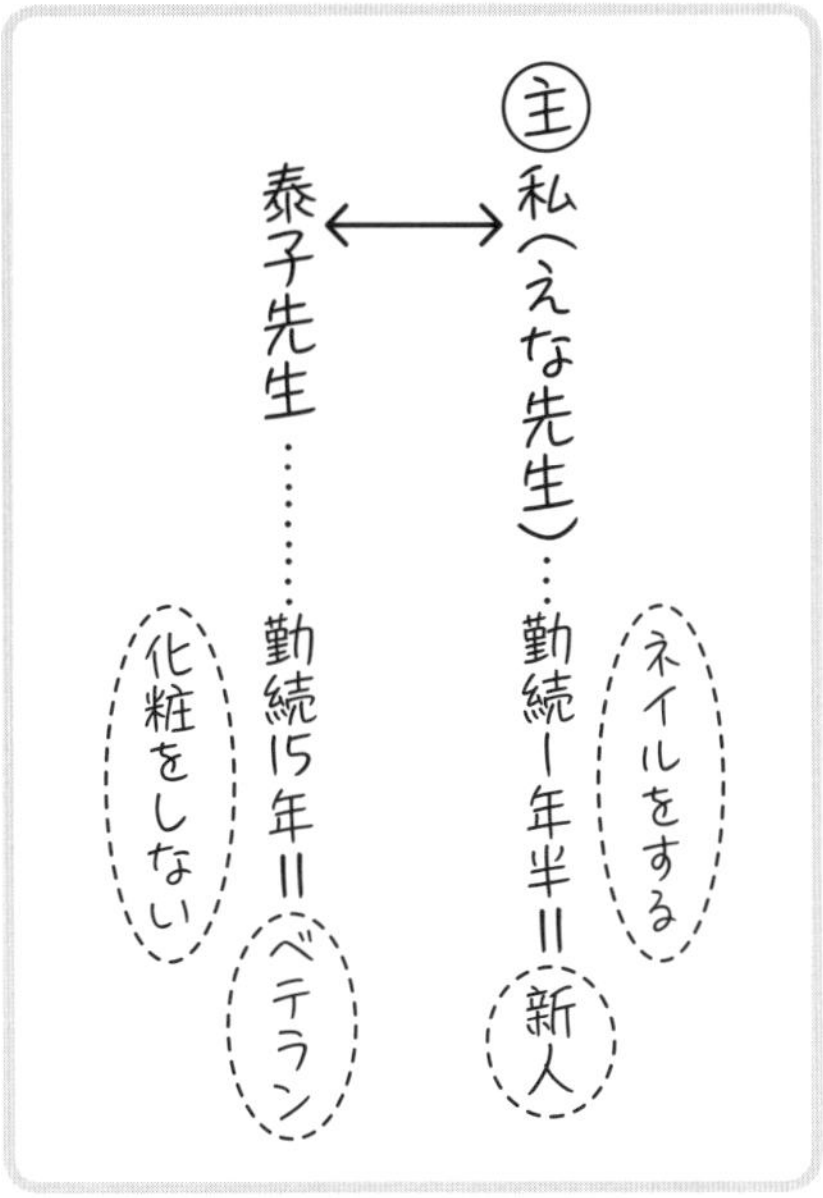

私がピンチになっているところから始《はじ》まっていますよね。泰子《やすこ》先生に●●●●のかな、と思いませんか？　●に入る4文字、あなたなら何を入れるでしょうか。「叱《しか》られる」「怒《おこ》られる」ではないかと予想できますよね。

だって、人物関係図を見てください。私はネイルをつけて出勤。でも、泰子《やすこ》先生は化粧《けしょう》をしない先生です。きっとネイルをしていることを快《こころよ》く思わないですよね。

ちなみにこの文章、ここだけで先の展開《てんかい》が読めてしまいます。「えっ、泰子《やすこ》先生に怒《おこ》られるんでしょ？」と思ったかもしれませんが、さらにもっと先のことです。

ア　私と泰子《やすこ》先生が殴《なぐ》り合いのケンカをして終わる。

イ　私と泰子《やすこ》先生が和解する。

どちらかと言えば、もちろんイです。「きっとマイナスの場面から始《はじ》まって、プラスになるんだろうな」と思う人が多いはずです。そして、ちゃんとその伏線《ふくせん》が書かれています。さて、どこでしょう？　文章中に○で囲んでみてくださいね。

正解は、「ある理由」です。リード文でも「しかし翌日からはある『理由』でネイルをつけて出勤すると…」とありますから、単に忘れていたわけではありません。何か大事な理由があったのです。それがどんな理由なのかなと考えてみましょう。

✓中学受験で出題されるのは、道徳的な物語

次の展開《てんかい》はどうでしょう？「えな先生はこれまでの常識《じょうしき》にとらわれず、保育園でもネイルをして自分らしさを出そうとした。泰子《やすこ》先生ははじめ、ネイルは子どもたちに悪影響《あくえいきょう》があると思って注意したが、個性《こせい》を大切にするのは素晴らしいと思って和解した」。

小説としてはあるかもしれませんが、中学受験でこの展開《てんかい》は考えにくいですね。個性《こせい》を大事にするのはいいとしても、子どもたちに悪影響《あくえいきょう》があるのにＯＫしたら道徳的ではありませんよね。

では、いったいどうしてなのか？　予想してみてください。続きが気になる人は、『木曜日にはココアを』（青山美智子）を読んでみましょう。「なるほど！」と思えますよ。

✓いくつものテーマが盛り込まれた難しい物語に挑戦しよう

灘中学出題

安田夏菜『むこう岸』

有名私立中学校を成績不振《ふしん》で退学した「ぼく」は、公立中学校に転校後、クラスの女子で生活保護（経済的に困っている家庭に最低限の生活を保障する制度）を受けている「佐野《さの》さん」と交流を持ち、社会の仕組みに関心を抱《いだ》き始《はじ》めた。ある日パソコンで調べ物をしていたところ、父から勉強しろとしかられ、反論《はんろん》するとぶたれた上にパソコンを取り上げられる。

しばらくして、母さんだけが部屋にもどってきた。そうっと部屋のドアを閉《し》めると、ぼくに濡《ぬ》れタオルを差し出す。

「ほっぺた赤くなってる。これで冷やしなさい」

「……ありがとう」

頬《ほお》に押《お》しあてると、ひんやりと心地《ここち》よい。

「ふふっ」

母さんは、いきなり楽しげに笑った。

「なに？」

「よく、言ってくれたなーと思って」

「え？」

「お母さんも、同じこと言われてるもん。養われてる立場のくせにとかね……」

母さんの瞳《ひとみ》に一瞬《いっしゅん》、憎《にく》しみの色がよぎった気がした。ギョッとして黙《だま》っていると、サッと表情を変える。

「だから和真《かずま》がさっき言ってくれて、胸《むね》がスウッとした！」

少女のような笑顔《えがお》にもどったので、ホッとする。


「えっ!?　何この設定！」と思うのが普通《ふつう》です。

「お父さんやめてよ」という感じですね。

さあ、気を取り直して作業していきましょう。

①登場人物全員を、○で囲んでください。
②この本の空いているスペースか紙に、登場人物の名前を書いてみてください。家系図《かけいず》のように書いてもいいでしょう。
③主人公など、主要な登場人物がどんな人か、ひと言でいいから書いてみましょう。

関係図を書こう

次ページのような図になります。さすが最難関校の一つである灘中の入試問題です。いくつものテーマを盛《も》り込《こ》んだ素材《そざい》を使っているということがわかりますか？　読み進める前にちょっと考えてみてください。

まず、「佐野《さの》さん」が生活保護を受けているという設定。貧困《ひんこん》問題が下敷《したじ》きになっているのだなと思って読み始《はじ》める必要があります。

次にお父さん。反論《はんろん》すると暴力をふるってパソコンまで取り上げます。「どんな性格なのかを受験生に知ってもらう必要があるから書いたのだろう」と受けとめましょう。

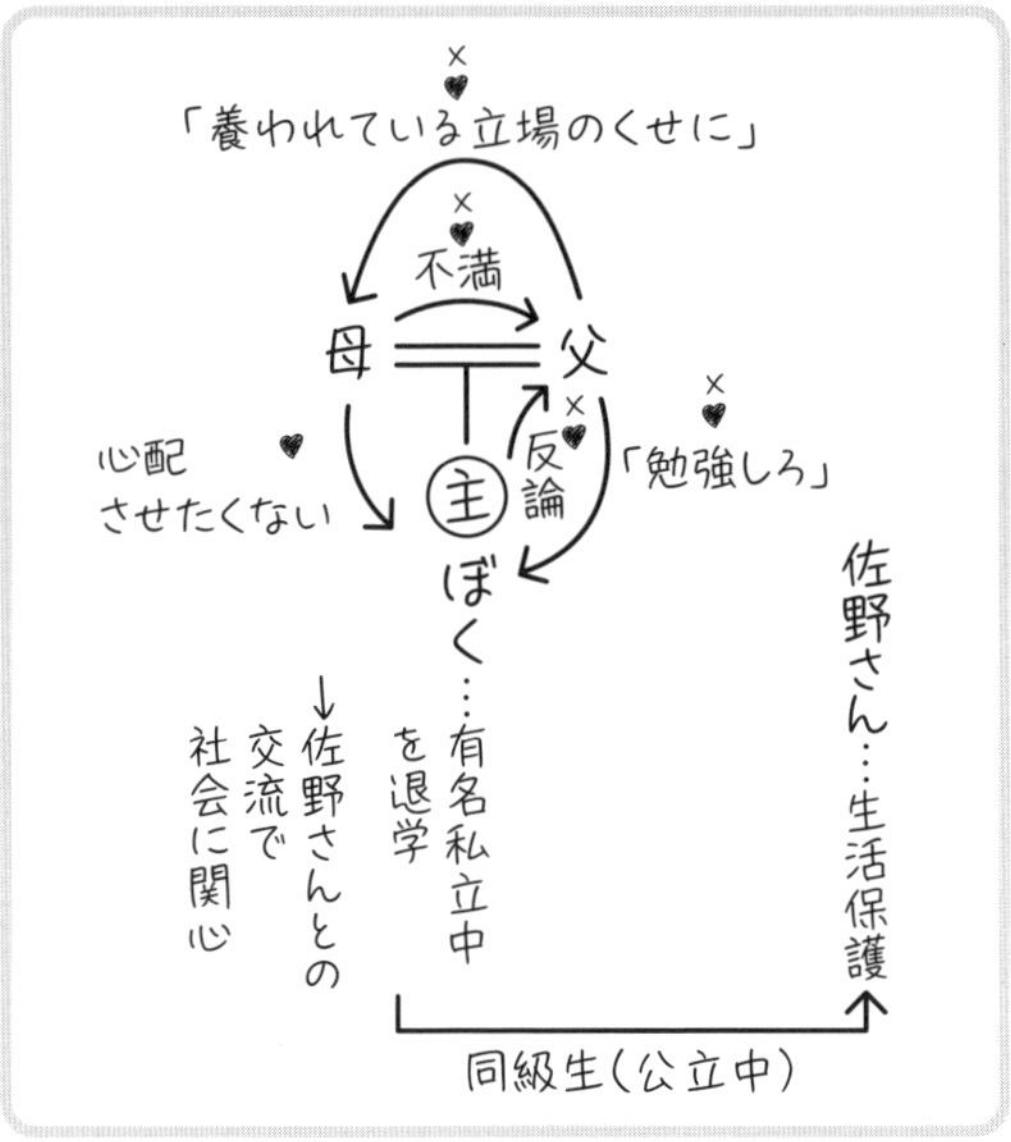

そしてお母さん。「母さんの瞳《ひとみ》に一瞬《いっしゅん》、憎《にく》しみの色がよぎった気がした」というように、夫に対して思うところがあるようです。一方、「サッと表情を変える」というのは息子に心配させないためであり、息子に愛情を注いでいることを読み取ることができます。

この話は「単純な親子愛」とはとうてい言えないような難《むずか》しい話です。

その入り口に立つためにも、まずは人物関係や性格を押《お》さえる必要がありますね。

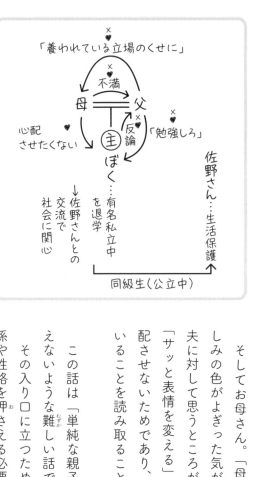

第3章　まとめ

✓ リード文がなくても、文章前半から登場人物を書き出して状況《じょうきょう》を整理しよう。

例

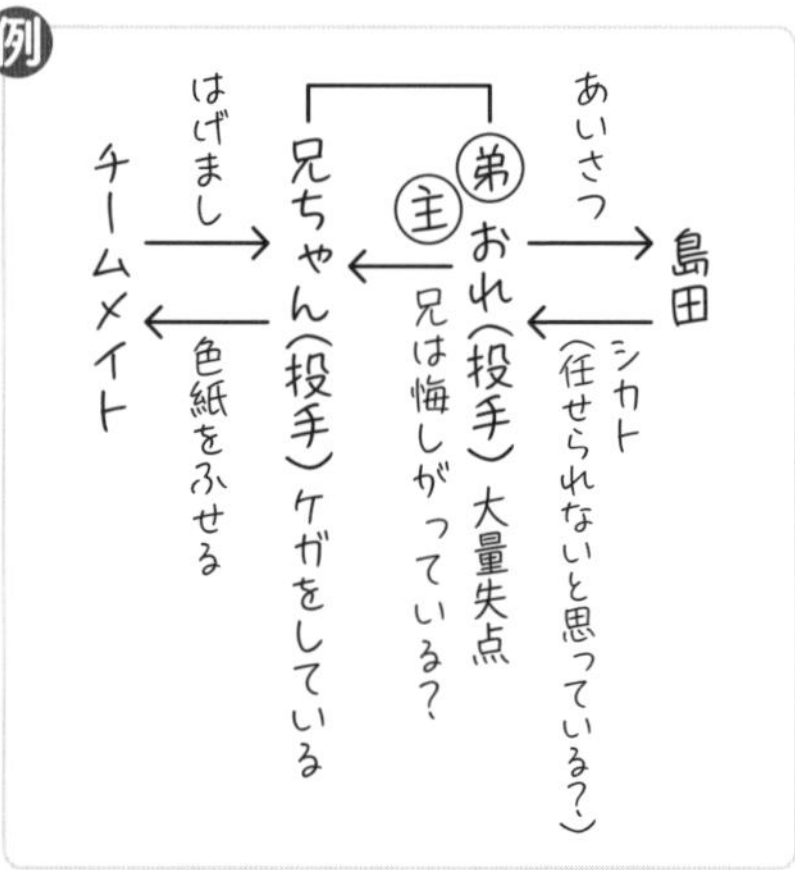

✓ 気持ちが生まれるのは、「予想」と「現実」が異《こと》なるから。

✓ その気持ちをひと言で表す練習をしよう。

例

はずかしい、情けない、ふがいない

✓ 貧困《ひんこん》問題、親の暴力など難関校では社会問題もテーマになる。

4

感情のレッスン
【まずプラスかマイナスかを考えよう】

「感情マスター」へのステップその1
プラスかマイナスか判断しよう

✓「感情語」を知るための語彙コント

「人物の気持ちが読み取れない」「どうしてそういう気持ちになるのかわからない…」という人は、本章と次章の二つのステップで、「感情マスター」になっていきましょう。
前提として、「感情語」を知っていたほうがいいので、いくつか紹介《しょうかい》しておきますね。

QRコードから、ジーニアスのYouTubeチャンネルで語《ご》彙《い》コントを見ることができます。重要語《じゅうようご》を全部で500以上アップしているので、ぜひ視聴して参考にしてみてくださいね。そして、これらの言葉を知って、できれば使いこなしてほしいのです。

でも、いきなりは無理ですし、言葉が思いつかないこともありますよね。そこで、まずは感情語が入っている文章を読み、その気持ちがプラスなのかマイナスなのかを判断《はんだん》しましょう。

『0時間目のジーニアス』感情語の語彙コント

優越感

嫉妬

動揺

安堵

1問目です。感情語を○で囲みましょう。
そして、その気持ちがプラスなら⊕、マイナスなら⊖と記号を横に書いてください。

✓感情語を見つけ、プラスかマイナスかを考えよう①

頌栄女子学院中学出題

ベッドから起き上がろうとしたとき、昨日《きのう》届《とど》いた人形が目に入った。箱《はこ》から出してもみなかった。一瞬《いっしゅん》、昨日《きのう》の落胆《らくたん》がよみがえったけれど、それはすぐに消えて、なんで抱《だ》いてもみなかったんだろうという後悔《こうかい》が、ようこの胸《むね》にひろがった。

梨木香歩『りかさん』

どうでしょうか。二つの感情語を○で囲むことができましたか？　もし、一つしか見つけられなかった場合は、先を読み進める前にもう一度探してみてくださいね。

感情語は、「落胆《らくたん》」と「後悔《こうかい》」です。どちらもマイナスですよね。もし落胆《らくたん》という言葉を知らなかったとしても、「落」という字が入っているので、なんとなくイメージが悪そうですよね。

受験前には見たくない漢字です…。「落ち込《こ》んでいる」と言い換《か》えることもできます。

後悔《こうかい》は、「どうしてこんなことをしてしまったんだろう…」「どうしてしなかったんだろう…」といった「以前の言動が失敗だったなあ」と思う気持ちです。

✓感情語を見つけ、プラスかマイナスかを考えよう②

では、どんどん練習していきますよ。2問目。感情語を○で囲みましょう。

そして、その気持ちがプラスなら⊕、マイナスなら⊖と横に書き込《こ》んでください。

早稲田中学出題

「僕《ぼく》は単に、みんなに受け入れてもらいたいだけやねん。僕《ぼく》のこと鬱陶《うっとう》しいとか、気持ち悪いとか思う人がいるってこと、僕《ぼく》も理解《りかい》できる。気持ち的に受け入れられへん、ってのもわかる。むしろ、それが普通《ふつう》かもしらへん。

万城目学『プリンセス・トヨトミ』（文春文庫）

だんだん暗い気持ちになっていきますね。これも二つの感情語を○で囲んでみてください。

一つは「鬱陶《うっとう》しい」。これは絶対に入れてください。「気持ち悪い」というのも感情語ですね。「受け入れてもらいたい」「気持ち的に受け入れられへん」は、入れても入れなくてもいいでしょう。

さて、この「鬱陶《うっとう》しい」。たとえば夜寝ている時に、ハエがブンブンうるさかったら鬱陶《うっとう》しい。「そろそろ勉強しようかな」と思っていたのに、親が「いつになったら勉強するの!?」と口出しをしてくるのが鬱陶《うっとう》しい。このように使うので、マイナスです。もちろん「気持ち悪い」もマイナスですね。

✓感情語を見つけ、プラスかマイナスかを考えよう③

3問目。感情語を○で囲み、気持ちがプラスなら⊕、マイナスなら⊖と横に書きましょう。

学習院女子中等科出題

五月の終わり、千春がお店へ入るなり、おじさんのほうから聞かれた。
「今日はたまねぎか?」
よっぽどゆううつそうな顔をしていたらしい。

瀧羽麻子『たまねぎとはちみつ』

「また、マイナスじゃないか」、そんな声が聞こえてきそうです。今回は「憂鬱《ゆううつ》」。気持ちが沈《しず》んでしまうなど、気分が晴《は》れない時に使う言葉です。「漢字の勉強が終わっていないので、明日のテストはきっといい点が取れないだろう。憂鬱《ゆううつ》だ」。こんな感じで使います。

✓感情語を見つけ、プラスかマイナスかを考えよう④

第4問。感情語を○で囲み、気持ちがプラスなら⊕、マイナスなら⊖と横に書きましょう。

吉祥女子中学出題

みぞおちのあたりが熱かった。どうしようもないことをぶちまけたものの、すっきりしないものが、腹《はら》の中でくすぶっている。

いたたまれなくなったおれは、腰《こし》をあげた。ベッドに背《せ》をむけ、窓《まど》の外を見る。

まはら三桃「最後の気持ち」(『なみだの穴』所収)

「いたたまれない」という言葉を日常生活で使うことは、まずないですよね。落ち着いていられない、じっとしていられないという時に使います。プラスかマイナスか、ちょっと判断《はんだん》に迷《まよ》うと思いますが、これもマイナスと書いてください。穏《おだ》やかではないので、マイナスです。

「ちょっと、これで4問連続マイナスですよ。さすがにバランスが悪すぎます」「こんなマイナスの文章ばかり読まされて憂鬱《ゆううつ》です」なんて言いたくなりますよね。はい、わざとです。

物語文では、主人公のマイナスの感情のほうが多く出てくるからです。

もちろん、最終的にはマイナスからプラスに変わっていく話がほとんど。でも、その途中《とちゅう》では悩《なや》んだり苦しんだり怒《おこ》ったり、葛藤《かっとう》があったりするのです。

だから、この章ではマイナスの感情を多く勉強します。

でも、そろそろつらくなってくる頃《ころ》でしょう。ここからはプラスも入れていきますね。

✓感情語を見つけ、プラスかマイナスかを考えよう⑤

第5問。感情語を○で囲み、気持ちがプラスなら㊉、マイナスなら㊀と横に書きましょう。

浦和明の星女子中学出題

「ぼくも、友だちと行くのははじめてだよ。楽しみだな」しゅわーっと、はじけるものが胸《むね》のなかに広がった。一歩ふみだせた手応《てごた》えと安堵《あんど》。こういうのを重ねていけば、友だちとのつながりが強くなっていくのかな。

ささきあり『天地ダイアリー』

○で囲んでほしいのは、「安堵《あんど》」です。

「漢字も難《むずか》しそうだし、聞いたことがない」という人もいるかもしれません。

ちなみに、安堵《あんど》と同じような気持ちを表す漢字2字に「安△」があります。△に入る言葉は何でしょう？　正解は「心」。つまり、安心です。

もし知らない熟語に出合った時、漢字から意味を予想したり、その漢字が使われている別の熟語を思い浮《う》かべたりすると、意味をとらえることができるかもしれません。

このテクニック、覚えておいてくださいね。

安心するということはプラスです。

「ほっとする」「安心」「安堵《あんど》」の三つは同じ意味と考えていいでしょう。

✓感情語を見つけ、プラスかマイナスかを考えよう⑥

第6問。感情語を○で囲み、気持ちがプラスなら⊕、マイナスなら⊖と横に書きましょう。

渋谷教育学園渋谷中学出題

北原亞以子「十一月の花火」（『こはだの鮓』所収）

十一月三十日の夜も、寝入《ねい》りばなをサイレンの音で起こされた。満三歳《さい》にならぬ晶子までが、すぐに目を覚まし、泣きもせずに小さなもんぺへ手を伸《の》ばすのは、見ていて感心するほどだった。

サイレンの音で起こされたのだからマイナスの感情だと思ってしまいそうですが、読んでいくと違《ちが》うことがわかりますね。「感心」という言葉を○で囲んでいますか？

これはプラスですね。

仮に「感心」という言葉を知らなかったとしても（知っていないとダメですが）、「泣きもせずに」とあるので、「えらいよな。だったらプラスに思うよな」と考えればいいのです。

誰《だれ》かの行動や言葉を「すごいな」と思った時には「感心する」と言ってみましょう。ぜひ、普段《ふだん》から使ってみてください。たとえば、「○○君の妹、5歳《さい》なのにちゃんとあいさつできるなんて感心するな」というようにです。

でも、目上の人には使わないほうがいいでしょう。「お父さん、今日はおならをしないで一日過ごした。感心するな」…これではなんだか上から目線になってしまいますね。

✓感情語を見つけ、プラスかマイナスかを考えよう⑦

では、第7問。感情語を○で囲みましょう。そして、その気持ちがプラスなら⊕、マイナスなら⊖と横に書き込《こ》んでください。複数《ふくすう》ありますよ。

逗子開成中学出題

「ほ、本当においしかったです。こんなにうまいもんを食ったのは、俺《おれ》、初めてです。あ、あ、もっといいこと言いたいんだけど、俺《おれ》、うまく言えなくて」

もどかしさに苛立《いらだ》ちながら言うと、男は朗《ほが》らかに笑った。

「何も言わなくていいんだよ。どう思ったかは、ちゃんと顔に出るもんだからね」

篠綾子『望月のうさぎ』

二つ、〇をつけていますか？　「もどかしさ」、そして「苛立《いらだ》ち」です。

「もどかしい」というのは、思うようにならなくてイライラするということです。「うまく言えなくて」とありますね。うまく言いたいのに言えない。だから、もどかしいのです。マイナスです。続いて、「苛立《いらだ》ち」。これもマイナスですよね。

もし、「朗《ほが》らかに」に〇をつけて、プラスを書いたのならそれもＯＫです。ここでは笑い方を説明する語句として使われていますが、明るい、晴《は》れやかという意味の言葉です。

✓感情語を見つけ、プラスかマイナスかを考えよう⑧

では、第8問。最後の問題です。感情語を〇で囲みましょう。そして、その気持ちがプラスなら⊕、マイナスなら⊖と横に書き込《こ》んでください。

東京農業大学第一高等学校中等部出題

すると自分がこうしていられない罪人になったような気がした。房太郎にも言えないし、母にも言えないこの秘密は私の胸《むね》をおしつけた。弟や妹たちが縁先で紙を細長く裂いては飛ばしていたが、その弟や妹たちにも自分の顔を見られるのがいやであった。

伊藤整『少年』

もし、悩《なや》みながら〇をつけたのなら、かなり実力がついた証拠《しょうこ》です。

だって、「罪人になったような気」は感情語ではないし、「いや」は気持ちを表すけれど、それでいいのかなと迷《まよ》ってしまいそうですよね。

そうなのです。今回の問題は、マイナスであることはわかるけれど、感情語が明確《めいかく》に書かれているわけではありません。こういった問題も、じつはたくさんあります。

では、ここで問題です。

——部から読み取れる感情を「〇〇感」と表してみてください。

さあ、どうでしょう？「いや感」…ダメです。そんな言葉はありません。

ちょっと難《むずか》しかったでしょうか。6年生なら当たり前のように答えてほしいところですが、書いてほしいのは「罪悪感《ざいあくかん》」です。「罪を犯《おか》してしまった」「悪いことをしてしまった」と思う気持ちのことです。

文章には感情語が書いていないこともありますが、「結局《けっきょく》こういう気持ちだよな」とわかるようになるのが目標です。罪悪感《ざいあくかん》、劣等感《れっとうかん》、疎外感《そがいかん》、喪失感《そうしつかん》、違和感《いわかん》…。よく出てくるものを次ページの表にまとめておきます。

少し難《むずか》しい言葉もありますが、中学受験を目指《めざ》すのであれば、使えるようにしたいですね。優越感《ゆうえつかん》や劣等感《れっとうかん》に関する話は、この章の最後にも出てきますよ。

入試によく出る「◯◯感」という感情語

罪悪感…悪いことをしてしまったという気持ち。「ぼくが余計なことを言ったので、友達を傷つけてしまい、罪悪感にかられる」

劣等感…自分が他よりも劣っていると感じる気持ち。反対に自分が他より優れていると感じる気持ちは優越感。「わたしは逆上がりができないことに劣等感を抱いている」

疎外感…周りから嫌がられ、仲間外れにされていると感じる気持ち。「ぼくだけ誕生日会に誘われず、疎外感を覚えた」

喪失感…心のよりどころとなる大切なものを失った時に感じる寂しさやつらい気持ち。「チームのキャプテンが辞めたことを聞かされ、一同喪失感にかられた」

違和感…何かおかしい、しっくりこないと感じる気持ち。「先日ケガをした右ひざに違和感を覚えたため、練習を休んだ」

ここまで出てきた感情語を使った練習問題に挑戦

では、ここまで出てきた感情語を並べましょう。

⊖落胆《らくたん》・後悔《こうかい》・鬱陶《うっとう》しい・憂鬱《ゆううつ》・いたたまれない・もどかしい・苛立《いらだ》ち・罪悪感《ざいあくかん》・劣等感《れっとうかん》・疎外感《そがいかん》・喪失感《そうしつかん》

⊕安堵《あんど》・感心・優越感《ゆうえつかん》

圧倒的《あっとうてき》にマイナス⊖が多かったですね。

ではここからは、入試で出てきた物語文を一部【　】にして、その言葉を考えてもらう形式で感情語の知識を強化しましょう。ほとんどは、先ほど出てきた言葉です。複数回《ふくすうかい》出てくるものもありますよ。

【　】にあてはまる言葉を答えなさい。また、プラス⊕かマイナス⊖かを書き入れなさい。

①六甲学院中学出題

入学式の翌日、僕《ぼく》は【　　　　】（ひらがな4字または漢字2字）な気分で中学校に登校した。昨晩は殴《なぐ》ってしまった梅木の親から抗議《こうぎ》の電話がかかってこないかと、冷や冷やしていた。

はらだみずき『帰宅部ボーイズ』

②麻布中学出題

「花を活けてると気持ちがいいだろ。思った通りに活けられると、気持ちのよさが持続する。そのやり方をここに習いに来てるんだ。みんなもそうなんじゃないの」

「なるほど」

私は【　　　　】（漢字2字）して何度もうなずいた。

「気持ちのよさが持続する。なるほどね」

朝倉くんは、やめて、【　　　　】（ひらがな5字）から、といった。

宮下奈都「まだまだ、」（『つぼみ』所収／光文社）

③海城中学出題

わたしが絵のことで怒《おこ》ったから、香奈枝を傷《きず》つけてしまったのだろうかと、子どもながらにはらはらと【　　　　】（漢字2字）した。そのことを多美子に言ったら怒《おこ》られそうな気がして、杏美はずっと黙《だま》っていた。

朝比奈あすか『君たちは今が世界』

④駒場東邦中学出題

パパもママも何もわかっていない。もっと言ってやればよかった、というヘドロじみた気持ちと、少しの【　　　】（漢字2字）とでぐちゃぐちゃになりそうだ。

黒川裕子「夜の間だけ、シッカは鏡にベールをかける」（『YA！アンソロジー　わたしを決めつけないで』所収）

⑤海城中学出題

全力で走った。

そりゃもうめちゃくちゃに、本気の本気で、チャリを飛ばした。

だから道の先に、ひょろっとした百井《ももい》の背中を見つけた時、俺《おれ》はどっと【　　　】（漢字2字）したんだ。

水野瑠見『十四歳日和』

⑥聖光学院中学出題

「……そうだったんですか」

徳田さんは肩《かた》を落とした。私の話を聞いて【　　　】（漢字2字）したのだろう。

森浩美「埋めあわせ」（『家族ずっと』所収）

⑦海城中学出題

その大人びた横顔が、少しだけ、にくらしかった。

だって、俺《おれ》ははっきり【　　　】（漢字2字）してたから。ライバルだって、友達だって思ってたヤツが、春にはどっか遠くへ行ってしまうこと。そして、百井《ももい》がその未来を割

水野瑠見『十四歳日和』

り切って、ちっともめそめそしてないことに。

⑧青山学院中等部出題

片島麦子『想いであずかり処 にじや質店』

自分だけが特別だと感じていたちらし寿司を誰《だれ》か他の子も食べていた、それだけじゃない。母がいつも食堂で拓朗にだけこっそりおまけをつけてくれていたのは自分の息子だからという理由ではなかったのだ。それはあの頃《ころ》の拓朗が食べ盛《ざか》りで成長期の子どもだったからだ。もしあの食堂に自分と同い年くらいの子どもが食べにきていたら、母は同じようにおまけしてあげただろう。

それを息子の特権だと他の客に対して【　　　】（漢字３字）を抱《いだ》いていたあの頃《ころ》の自分に教えてやりたい。

いかがでしたか？　それでは答え合わせをしていきましょう。

①「ゆううつ／憂鬱《ゆううつ》」㊀

梅木を殴《なぐ》ってしまった翌日のことです。学校で顔を合わせるわけですから、気持ちは㊀であるはずですよね。「ゆううつ／憂鬱《ゆううつ》」が正解です。

②「感心」㊉・「はずかしい」㊀

まず前半の【　　　　】です。「なるほど」と私は何度もうなずいていますよね。だから、「感心」です。「納得《なっとく》」と書いた人もいいセンスと言えますよ。それでも意味は通りますからね。

次に後半の【　　　　】です。「気持ちのよさが持続する。なるほどね」とずっと私がほめているのです。それに対して朝倉くんは「やめて」と言い、その理由として【　　　　】からと言っているのです。感心して何度もうなずいてもらったうえにほめられたら、どんな気持ちになるでしょうか？「自分には才能があるから当たり前です」と思う人はちょっと自意識過剰《じいしきかじょう》ですね。

朝倉くんが「やめて」と言っているところからも、「はずかしい」という言葉が浮《う》かんでほしいです。ひとまずマイナスの感情にしていますが、うれしさを含んだはずかしさかもしれませんね。プラス⊕かマイナス⊖か選べない感情があるのも当然です。

③「後悔《こうかい》」⊖

「わたしが絵のことで怒《おこ》ったから、香奈枝を傷《きず》つけてしまったのだろうか」と思っていますよね。「自分の行動がよくなかったのではないか」と振《ふ》り返っているわけですから、「後悔《こうかい》」を入れてほしいです。

④「後悔《こうかい》」⊖

パパとママに対して負の感情を持っていますね。「ヘドロじみた気持ち」だけでなく、どんな気持ちがあるのでしょうか。

これも「後悔《こうかい》」です。「もっと言ってやればよかった」という気持ちだけではなく、「言わなければよかった」という気持ちもあるのでしょう。このように、複数《ふくすう》の感情が入り混じっていることもあります。

⑤「安堵《あんど》」⊕

本気の本気でチャリを飛ばしたのは、百井《ももい》に追いつきたかったからですよね。

ちなみに知っていると思いますが、「チャリ」は自転車のことで、「飛ばした」というのは急いだということですよ。自転車を「えいっ」と空中に投げたわけではありません。

追いつきたいと思って、追いついたのですから、プラスです。今回勉強したプラスの感情は、感心と安堵《あんど》ですね。「安堵《あんど》」が入ります。もちろん、「安心」と考えた人もOKです。

⑥「落胆《らくたん》」⊖

徳田さんは肩《かた》を落としました。ということは、マイナスです。きっと悪いことがあったのでしょう。だから「落胆《らくたん》」が入ります。「しょんぼり」「がっかり」という意味ですね。

⑦「落胆《らくたん》」⊖

「ライバルだって、友達だって思ってたヤツが、春にはどこか遠くへ行ってしまう」のです。がっかりですよね。だから「落胆《らくたん》」が入ります。これは⑤と同じ話です。えっ!? どんな話なのか読みたくなってきましたか？　いい傾向《けいこう》ですね。この本は、学習院女子中等科、慶應義塾湘南藤沢中等部、暁星中などでも出題された作品です。

⑧「優越感《ゆうえつかん》」㊉

自分だけが特別だと思っていた気持ちが入ります。「母がつくったちらし寿司を食べることができるのは自分だけ」「食堂でおまけをつけてくれるのは自分だけ」と思っていたのです。ですから、「優越感《ゆうえつかん》」が入ります。

✓感情語を見つけ、プラスかマイナスかを考えよう⑨

では、ここからさらにレベルアップを目指《めざ》して、もう少し難《むずか》しい言葉にも触《ふ》れていきましょう。「国語が苦手で、ここまで読んだだけでお腹《なか》いっぱいです」という人は、ひとまず飛ばして次の章に進んでもかまいません。

感情語を○で囲みましょう。そして、その気持ちがプラスなら㊉、マイナスなら㊀と横に書きましょう。いくつかありますよ。

鷗友学園女子中学出題

如月かずさ「ミルメーク」（『給食アンサンブル』所収／光村図書）

思いもしなかった深刻な理由に、ぼくは動揺《どうよう》してしまった。友達のみんなは知ってるの、とぼくが尋《たず》ねると、飯島《いいじま》さんは寂《さび》しそうにほほえんで、首を横に振《ふ》った。

「まだ話してない。話さなくちゃとは思ってるんだけど、言いだしづらくって」

転校の話を知って、ぼくはますます怖気《おじけ》づいてしまった。軽々しく引き受けて、優勝できなかったら責任が取れない。


まず、「動揺《どうよう》」に○をつけられましたか？　心が揺れ動いたり、不安になったりすることです。

ということは、マイナスですね。

たとえば嘘《うそ》をついていたとします。もし見破られたら、動揺《どうよう》してしまいますよね。

「今日、帰りが遅かったじゃない」

「う、うん。図書館で勉強していたんだ」（本当は公園で遊んできた）

動揺《どうよう》している感じが、わかりますか？　きっと、これを読んでいる人も動揺《どうよう》したことはありますよね。どういうことか他に例を書けますか？　書きたくない？　確かに、思い出したくないことのほうが多そうです。

「寂《さび》しそうに」も感情語ですね。マイナスです。もう一つあります。「怖気《おじけ》づいて」です。怖《こわ》くなることを意味しますから、これもマイナス。三つありますが、大切なのは「動揺《どうよう》」です。

✓感情語を見つけ、プラスかマイナスかを考えよう⑩

では、次の文章です。感情語を〇で囲みましょう。そして、その気持ちがプラスなら⊕、マイナスなら⊖と横に書き込《こ》んでください。三つ見つけてください。

芝中学出題

〝今でも夫の主治医が許せないの〟

小幡先生が吐《は》き捨《す》てるように告げたその言葉は、ほかでもない自分自身に向けたものであったのだ。凍《い》てつくようなあの怜悧《れいり》な瞳《ひとみ》は、自身に対する悔《く》いと憤《いきどお》りと悲哀《ひあい》そのものであった。

過去に決着をつけるどころではなかった。小幡先生は、今も十年前の自分の影《かげ》と全身全霊《ぜんしんぜんれい》で闘《たたか》い続けているのである。

夏川草介『神様のカルテ3』

かなりシリアスな話です。小幡先生は夫の主治医でした。

そして、診断が遅れたために夫は亡《な》くなったのです。

さて、感情語は見つけましたか？ 「悔《く》い」「憤《いきどお》り」「悲哀《ひあい》」ですね。いずれもマイナスです。

「悔《く》い」は後悔《こうかい》のことです。「憤《いきどお》り」はよく出てくる感情です。「怒《いか》り、腹《はら》を立てる」といった意味ですが、もっと強い印象を持たせる言葉です。

今回、小幡先生は誰《だれ》に腹《はら》を立てているのでしょう？ 正解は「自分」です。診断が遅れて夫を亡《な》くしたのは自分のせいであると考え、自分自身に憤《いきどお》っているのです。「憤《いきどお》りを覚える」「憤《いきどお》りを感じる」といった形で出てくることが多いことも覚えておきましょう。

「悲哀《ひあい》」は、悲しいということなのですが、もっと強い悲しみを感じさせます。

中学入試では、大人が主人公である話も当たり前のように出ますし、上位校や難関校になれば、このような複雑《ふくざつ》な立場や感情も読み取っていかなければなりません。大変ですが、物語文に向き合って読み取っていくことは、成長にもつながります。

✓感情語を見つけ、プラスかマイナスかを考えよう⑪

では、本章最後の問題です。同じように感情語を○で囲みましょう。そして、その気持ちがプラスなら㊉、マイナスなら㊀と横に書きましょう。四つ見つけてください。

攻玉社中学出題

私は少し唖然《あぜん》とした。そして、如何《いか》に吾《わ》が子の愛のためとはいえ、そんな当てつけがましい事をする、嫂《あによめ》の心事を憫《あわ》れむというよりは、腹《はら》が立った。そんな悪意からではないと、思い返《か》えす余裕《よゆう》もない程、一種の暗然《あんぜん》たる憤慨《ふんがい》を心の底に覚えた。

久米正雄「金魚」（『久米正雄作品集』所収）

満州の植民地時代の話です。テーマも重たいうえ、文章も古風なので読むのにも苦労します。では、まず四つまとめて書きます。「唖然《あぜん》」「憫《あわ》れむ」「腹《はら》が立った」「憤慨《ふんがい》」です。全部マイナスです。一つひとつの意味はよくわからなくてもいいのですが（受験が近づいている時期なら、わからないとダメですよ）、とりあえずマイナスの感情なんだということは、理解《りかい》しないと読み進められません。

では、一つずつ説明していきましょう。

まずは「唖然《あぜん》」です。驚《おどろ》きや呆《あき》れで言葉が出ない状態《じょうたい》のことです。

「今日の漢字テスト、１００点取れた？」

「えっ…と。10点」

「……」

この「……」が、唖然《あぜん》とした状態《じょうたい》です。「はっ？　いったいどういうこと？」という感じです。

「憫《あわ》れむ」は最後にしましょう。「腹《はら》が立った」の意味はわかりますね。怒《おこ》っているということです。ちなみに、「立腹《りっぷく》している」という表現《ひょうげん》もあります。「怒《おこ》っている」「腹《はら》が立った」という簡単《かんたん》な表現《ひょうげん》ではなく、たまには「立腹《りっぷく》している」と使ってみてはどうでしょう。

「こいつ、どうしちゃったんだろう？」と思われるかもしれないから、よくないかな…。もし、「ねぇ怒《おこ》ってる？」と聞かれたら「立腹《りっぷく》している」と言ってみましょう。…何だか武士みたいですね。「拙者《せっしゃ》、立腹《りっぷく》しているでござる」。ふざけすぎました。次に進みます。
「憤慨《ふんがい》」、これも怒《おこ》っている様子です。ひどく怒《おこ》っている時に使います。「汚職《おしょく》事件を起こす政治家に対して憤慨《ふんがい》する」という感じです。「怒《いか》り心頭《しんとう》」や「憤怒《ふんぬ》」というのも同じです。「ふんぬ！」って、何か重たい石を持ち上げる時のかけ声のようですね。

さて、「憫《あわ》れむ」です。「憐《あわ》れむ」という漢字のほうがよく出てきます。この気持ちはとても重要《じゅうよう》です。この感情、プラスなのかマイナスなのかと判断《はんだん》するべきものでもありません。

簡単《かんたん》な言葉で言い換《か》えると「かわいそう」です。
この気持ちというのは、**相手のことを思っているようで、じつは傷《きず》つけることがあります**。どうしてでしょう？　イラストにすると上のような感じです。
「かわいそう」「同情」「憐《あわ》れむ」という言葉が出てきた場合、悪気《わるぎ》がないとしても、上から目線で、優越感《ゆうえつかん》を持っている状態《じょうたい》になってしまうことを知っておきましょう。

これが動物や植物に対してだったら、使ってもそんなに問題にはなりません。「花が枯れてしまってかわいそうだな」と発言したからといって、「上から目線！　ひどい！」なんて言われることはありませんよね。「脚をケガした犬を見て同情する」というのも、そんなに悪く言われることはないでしょう。

でも、それが人を相手にするとなると、問題になるかもしれないのです。「どうして？」と思うかもしれません。『そこに僕《ぼく》はいた』（辻仁成）から引用してみましょう。

あるとき、僕《ぼく》たちは社宅の裏にある小さな山の斜面の木の上に基地を作ることにした。僕《ぼく》たちは僕《ぼく》を先頭に一列になって山を登っていた。斜面には草が生えていて、何度も足を取られた。転ぶ子もいるほど斜面は急だったのである。途中《とちゅう》まで登ったとき、僕《ぼく》の二歳《さい》年下の弟が僕《ぼく》の背中を叩《たた》いた。

「兄貴、あーちゃんが……」

見ると、あーちゃんは斜面の下の道端に立ってじっと僕《ぼく》らの方を見上げていたのだ。彼《かれ》にはちょっと登るのは難《むずか》しかったのである。弟が小声で、どうする？　と聞いてきた。小さな子供たちも僕《ぼく》の方を見ていた。僕《ぼく》は小さくため息をついた。

「ちょっと行ってくる」

僕《ぼく》は弟にちびっこたちを任《まか》せて、あーちゃんのところまで滑り降りていった。

あーちゃんは僕《ぼく》の顔をじっと見ていた。僕《ぼく》はあーちゃんの足のことも考えずに山を登ってしまったことでちょっと心が恥ずかしかった。

「すまんかった」

僕《ぼく》が素直《すなお》にそういって手を差し出すと、彼《かれ》は目をぱちくりさせたのだ。

「なんで謝《あやま》るとや。それになんなその手は」

僕《ぼく》はそれ以上は何もいえなかった。

「今日はこれから親戚《しんせき》の人んちへいかなならんけん、皆とは遊べんと。そのことばいおうとおもっとった」

あーちゃんはそういうと、くるりと背中を見せて帰って行った。僕《ぼく》は差し出していた手を引っ込《こ》めて、身体《からだ》を斜めにしながら一本道を歩く彼《かれ》の後ろ姿を見つめていたのだ。


あーちゃんは、足が不自由な子です。

さて、なぜあーちゃんは帰って行ったのでしょうか？

「これから親戚《しんせき》の人の家に行かなければならないから」と思った人、読みが浅いですよ。

言葉は気持ちそのものとは限らないのです。


直前の「なんで謝《あやま》るとや。それになんなその手は」というセリフを見てください。

この時、感情はプラスですか？　マイナスですか？

それはわかりますよね。マイナスです。怒《おこ》ったような言い方をしています。ということは、親戚《しんせき》の人の家に行くというのは口実《こうじつ》であって、本当は別の理由があって帰ろうと思ったのです。

それがどうしてなのか、もうわかりますよね。うまく言葉にするのは難《むずか》しいかもしれませんが、先ほどのイラストを見てください。

「僕《ぼく》」は悪気《わるぎ》があったわけではありません。「『すまんかった』僕《ぼく》が素直《すなお》にそういって手を差し出すと」とありますよね。決して見下していたり、バカにしているわけではないのです。

でも、これが「憐《あわ》れんでいる」ということです。「それをされたほうのプライドが傷《きず》ついてしまうかもしれない」ということは知っておきたいですね。そして、こういう言動は、相手に劣等感《れっとうかん》を抱《いだ》かせることにもつながるのです。

さあ、感情のレッスン【まずプラスかマイナスかを考えよう】は、これで終了です。

第5章からは、文章を一緒《いっしょ》に読み進める形で、感情を深く学習していきましょう。

感情語を見つけ、
プラスかマイナスか
考えるコツは
つかめたかな？

第4章　まとめ

✓語彙《ごい》コントを通じて、感情語を知ろう。

✓感情語を見つけ、まず⊕か⊖か判断《はんだん》して書き込《こ》もう。

✓物語文では、主人公のマイナスの感情のほうが多く出てくる。

✓知らない熟語に出合ったら、

①漢字から意味を予想しよう。
②その漢字が使われている別の熟語を思い浮《う》かべよう。

例
安堵《あんど》→安心

✓入試によく出る○○感を押《お》さえよう。

例
罪悪感《ざいあくかん》、優越感《ゆうえつかん》、劣等感《れっとうかん》、
疎外感《そがいかん》、喪失感《そうしつかん》、違和感《いわかん》

✓「かわいそう」は相手のことを思っているようで、傷《きず》つけることがある、ということを知っておこう。

5

人の感情が生まれる理由

「感情マスター」へのステップその2

「対比」や「変化」に注目しよう

✓プラスの感情かマイナスの感情かを見るのが第一歩

本章も、感情のレッスンです。「この登場人物の気持ち、わからないよ」「自分だったら、こんな気持ちにはならないなぁ」と思うことがあるかもしれません。気持ちはわかります。

ただの「読書」なら自分の好きなように読めばいいのですが、みなさんが取り組むのは「読解《どっかい》」です。**自分がどう思うかではなく、「この登場人物ならどう思うか」を答えなければならない**のです。

でも、「登場人物の気持ちなんてわからないから」と適当《てきとう》に答えを書いてはいけません。

第4章で、ひとまずプラスの感情かマイナスの感情かだけでも見ていくとよいと学習しました。それだけでも答えに近づくので、できることから一歩一歩やっていきましょう。

✓感情を表す言葉がなくても、場面から心情をとらえる

それでは、少し深い話へと進んでいきます。まず、次の文章を読みましょう。

渋谷教育学園渋谷中学出題

翌日、私は和泉屋《いずみや》へ自転車を走らせ、化粧品《けしょうひん》売り場で口紅がいくらするのか下見をした。ガラスのカウンターの上に、口紅は並べてあった。私がへばりつくように見ていると、店員に怪訝《けげん》そうな顔をされた。

森浩美「おかあちゃんの口紅」(『家族の言い訳』所収)

ここで、いったん区切ります。

まず、「へばりつくように見ている」とあるけれど、どんな様子か想像《そうぞう》できますか？うまく言葉にできない場合は、まずプラスかマイナスかを考えます。「すごくほしいな」というプラスの気持ちか、「とくに興味《きょうみ》がない」というマイナスの気持ちか、どちらか○をつけてみましょう？

○(プラス／マイナス)

うん、これは簡単《かんたん》。ほしいから「へばりつくように見ている」のですよね。もっと前の文章

を読むと、お母さんに口紅を買ってあげたいということが書いてあって、それで「買えるかな？」と思って見に来た場面なのです。

そして、店員はどんな顔をしているのかと言うと、「怪訝《けげん》そうな顔」と書いてあります。これは覚えてほしい言葉ですが、もしわからない時はどうしますか？ そう、プラスの感情かマイナスの感情か、どっちなのかを判断《はんだん》しましょう。〇をつけてください。

〇（プラス／マイナス）

これは、マイナスです。だって、常識的《じょうしきてき》にイメージすればわかりますよね。へばりつくように見ている子がいたら、「えっ!? この子、なんでそんなに顔を近づけて見ているの？」と変に感じてしまいそうですよね。「どうして子どもが口紅を真剣に見ているの？」とも思いそうです。そこまで書いていなくても、多くの人が思いそうなことで判断《はんだん》しましょう。

なお、「怪訝《けげん》そうな」という言葉の意味は、不思議がったり、変だなと感じたりすることです。こうやって、場面ごとの心情をとらえていくことが大切です。

では、続きを読みましょう。

✓単語の意味がわからない時は、漢字から類推する

渋谷教育学園渋谷中学出題

森浩美「おかあちゃんの口紅」（『家族の言い訳』所収）

私が予想していたものより遥《はる》か上の値段に落胆《らくたん》した。いっそのこと、隙《すき》を見て盗《ぬす》んでしまおうかとも思ったが、とてもそんな度胸《どきょう》はなかった。

「落胆《らくたん》」という言葉は第4章でも出てきましたね。もしわからないと思ったら、プラスかマイナスか、どちらでしょう？　○をつけてください。

◯（プラス／マイナス）

これも、マイナスです。二つの方法で説明しましょう。

まず、第4章の復習ですが、漢字を見て判断《はんだん》できると思いませんか？「落」という漢字が入っています。気持ちが落ちると言われたら、きっとマイナスですよね。**言葉がわからない時は、そこに入っている漢字から類推《るいすい》する**のがポイントです。

もう一つは、前後の文章からヒントを得る方法です。

口紅の値段は予想よりも高かったでしょうか？　安かったでしょうか？

◯（高い／安い）

はい、「遥《はる》か上の値段」とあるから、高かったのです。そうすると、「お母さんに口紅を買ってあげたい、予想よりもめちゃくちゃ高い」という状況《じょうきょう》です。どう思いますか？　きっと、「残念だ、買えなくて悲しい」などと思うでしょう。だからマイナスになります。

ちなみに、落胆《らくたん》という言葉の意味は「がっかりすること」です。これは覚えましょうね。

✓「対比」や「変化」を意識すれば、感情をとらえられる

さて、感情をうまく説明できなかったら、まず感情がプラスかマイナスかを判断《はんだん》して考えていく、という例をいくつも練習してきましたね。


でも、そもそもこんな感情は、どうして生まれるのでしょうか？

ちょっと難《むずか》しいのですが、「対比《たいひ》」「変化」という言葉を使って説明していきます。

「落胆《らくたん》」という感情を持つのは、その前に期待をしていたからです。今回の場合は、「こうだったらいいいな」と思うことがあったはずです。先を読む前にちょっと予想してみてください。


考えましたか？　今回は、「自分でも買える値段だったらいいな」と思って、和泉屋《いずみや》に来たのです。買えることを期待していました。でも、値段が予想と違《ちが》って遥《はる》かに高かったから、「無理だ～」と思って落胆《らくたん》したのです。

人の感情が生まれるところには、「対比《たいひ》」や「変化」があります。

期待があったから落胆《らくたん》したのです。前との違《ちが》い、と言うとわかりやすいでしょうか。

では、お店の人の「怪訝《けげん》そうな」はどうでしょう。これはお店の人が期待していたわけじゃありませんよね。突然やってきた子の動きに戸惑《とまど》ったのです。

これも「対比《たいひ》」を使って説明しましょう。普通《ふつう》のお客さんだったら、どんなふうに買い物をするか考えてみてください。わかりましたか？　普通《ふつう》のお客さんと違《ちが》って、へばりつくように見ていたから、お店の人は「変だな、怪《あや》しいな」と思ったのです。

このように**感情をとらえる時には、「対比《たいひ》」「変化」を意識《いしき》すると、より深くわかる**ようになっていきます。

✓明確に書かれていなくても、「対比」や「変化」はとらえられる

ここから、どんな「対比《たいひ》」「変化」があるのかを考えながら読み進めていきましょう。

渋谷教育学園渋谷中学出題

母の日の数日前、私は十円玉でパンパンになったビニール袋を抱《かか》え、和泉屋《いずみや》へと向かった。

店員のおばさんに「母の日のプレゼントにするんだ」と告げると、小銭を数えることも嫌がらず、綺麗《きれい》な包装紙《ほうそうし》で口紅を包んでくれた。

森浩美「おかあちゃんの口紅」（『家族の言い訳』所収）

ここでいったん区切ります。まず、「十円玉でパンパンになったビニール袋」という表現から、あなたはどんなことを考えましたか？　きっと、「一生懸命《いっしょうけんめい》集めたんだな」「コツコツ貯めたのかな」と思いますよね。それでいいのです。

実際、この場面の前で、この少年は瓶《びん》集めをしてお金を稼《かせ》ぎます。空き瓶《びん》を見つけて店に持っていくと十円になるので、友達からの遊びの誘《さそ》いも断って、瓶《びん》集めを続けていました。

さて、物語に戻《もど》ります。店員のおばさんは、小銭を数えることも嫌がらず、しかも綺麗《きれい》な包《ほう》装紙《そうし》で口紅を包んでくれました。それはなぜでしょう？

もしこれが記述問題で出たら、書けなくてはいけませんよ。

なぜなら、その理由が文章に書いてあるからです。どこのことかわかりますか？

この子は、店員のおばさんに「母の日のプレゼントにするんだ」と言っています。

そう言われたら、どんな気持ちになるでしょう？

ア「は、だから何？　十円玉ばかりで面倒くさいんだけど」

イ「お母さんのためにがんばってお金を貯めたのね。えらいわ」

アのように思う人もいるかもしれませんが、そんな話ならがっかりですよね。先ほど説明したように「自分がどう思うか」ではなく、「この登場人物ならどう思うか」で考えるのです。

正解はイ。きっと、お母さんに口紅をプレゼントしようという思いに感激したか、そこまでいかなくても感じ入《い》るものがあったのでしょう。だから、小銭を数えることを嫌がらないだけでなく、綺麗《きれい》な包装紙《ほうそうし》を用意してくれたというわけです。

普通《ふつう》に口紅を買いに来たわけではないと店員さんは感じたのです。

もちろん、はっきりと店員さんの心情が書かれているわけではありません。物語とはそういうものです。何でも説明してしまっては、おもしろくないからです。

「母の日のプレゼントにするんだ」と告げられた店員のおばさんは心を打たれた。店員のおばさんは「お母さんのために小銭を貯めてプレゼントするなんて素晴らしい」と思ったので、小銭を数えることも嫌がらず、さらには綺麗《きれい》な包装紙《ほうそうし》で口紅を包んでくれた。

ここまで書くとわかりやすくはなるでしょうが、長すぎるし、リズムも悪いし、行間《ぎょうかん》を読む楽しさもなくなってしまいます。明確《めいかく》には書いていなくても、前後から感情が起こった理由や、行動に移《うつ》した理由が読み取れます。

はっきりと
書かれていなくても、
対比や変化から心情を
読み取れるよ

口紅を見に行って、店員さんに怪訝《けげん》そうな顔をされたのに、がんばってお金を集め、温かい気持ちで包装紙《ほうそうし》に包んでもらえるなんて、いい話ですよね。同じ店員さんかどうかはわからないけれど、こういう「変化」にも注目できると、読みが深まりますよ。

✓「対比」から感情が生まれる例

なぜ、この子が口紅を買おうと思ったのか？　その理由は出題された文章よりも前に書かれていたので、少し紹介《しょうかい》しましょう。次の文章は、岡田明紀というクラスの友達の家に遊びに行った場面です。クラスでは「明紀くんのお母さんは綺麗《きれい》だ」という評判《ひょうばん》がありました。

渋谷教育学園渋谷中学出題

明紀の母親は、薄茶色《うすちゃいろ》のスカートに白いブラウスを着ていて、特別な日でもないのに化《け》粧《しょう》をしていた。その唇《くちびる》には口紅が塗《ぬ》られていた。

〈中略〉

口紅をつければ私の母も明紀の母親のように綺麗《きれい》になれるのではないかと思った。

森浩美「おかあちゃんの口紅」（『家族の言い訳』所収）

ここに「対比《たいひ》」があることがわかりますか？

明紀の母親……綺麗《きれい》。口紅を塗《ぬ》っている。
↔
「私」の母親……【　　　】

【　　】には、綺麗《きれい》ではない、口紅を塗《ぬ》っていない、という内容《ないよう》が入ります。
「私」は明紀の母親のように綺麗《きれい》になってほしいと思って、自分の母親に口紅をしてほしかったのです。人の感情が生まれるところには、「対比《たいひ》」があるという例ですね。

✓「対比」や「変化」をとらえて表現すれば、説得力が増す

また、続きを読み進めましょう。

渋谷教育学園渋谷中学出題

私は、母の日にその口紅を母に手渡し、次の授業参観は口紅をつけてきてくれと頼《たの》んだ。母の目にはみるみる涙《なみだ》が溜《た》まり、母は私を抱《だ》きしめると何度も「ありがとうね、貴志」と言い、髪《かみ》の毛がくしゃくしゃになるほど頭を撫《な》でた。
私は子どもながらに、大きな仕事をやり遂《と》げたような満足感と感謝される喜びを初めて味わった。

森浩美「おかあちゃんの口紅」（『家族の言い訳』所収）

母の目にはみるみる涙《なみだ》が溜《た》まったのは、なぜでしょう？　ちょっと予想して書いてくれるとうれしいです。もし予想できなくても、まずプラスかマイナスかを確定させて、せめて「きっとこんな気持ちなんだろう」と頭の中で予想してみてください。

【貴志の母の目に涙《なみだ》が溜《た》まった理由】

さて、書けましたか？　涙《なみだ》を流すだけでは、プラスなのかマイナスなのかはわかりません。喜怒哀楽《きどあいらく》という四字熟語がありますよね。「楽」で泣くことはほとんどないと思いますが、他の3文字はどれも涙《なみだ》を流す理由になりえます。

「喜」…うれしくて泣くことがあります。これまで必死にがんばって結果が出た時の喜びは、私にもあります。何年間も教えていた生徒が第一志望校に合格したと知った時、自然と涙《なみだ》が出ることがありました。

「怒」…裏切られたりして悔《くや》しい時にも泣くことがあります。これを読んでいるあなたも、怒《いか》りのあまり泣いてしまった経験《けいけん》があるのではないでしょうか。

「哀」…悲しくて泣くこともありますよね。自分のつらい経験《けいけん》で泣くこともあれば、物語を読んだり映画を見たりする中で、登場人物のつらい経験《けいけん》に共感《きょうかん》して涙《なみだ》することもあるでしょう。

　このように、プラスの感情（喜）、マイナスの感情（怒・哀）、どちらも涙《なみだ》を流す理由になりえますから、前後の文章から判断《はんだん》しなければなりません。「母は私を抱《だ》きしめると何度も『ありがとうね、貴志』と言い」とありますね。だから、うれしかったのです。プラスです。

「口紅をもらってうれしかったから」。まずまずの答えです。国語が苦手でも、これくらいは書きたいですね。

でも、それだけで何度も「ありがとうね」と言い、髪《かみ》の毛がくしゃくしゃになるほど頭を撫《な》でるものでしょうか。こんなに大きな感情が出るということは…。そう、ここまで読んできた中にヒントがあります。

人の感情が生まれるところには、「対比《たいひ》」や「変化」がある。これを意識《いしき》できていなかった人は、もう少し書き加《くわ》えてみてください。「●●だが、○○ので、うれしかったから」のような型《かた》を意識《いしき》してみましょう。

【貴志の母の目に涙《なみだ》が溜《た》まった理由】

「対比《たいひ》」か「変化」を利用して因果関係《いんが》（理由）を書き足《た》すことで、具体的な、説得力《せっとくりょく》ある記述になります。

✓「対比」と「変化」、どちらも意識して読み取りを深めよう

「対比《たいひ》」と「変化」、どちらが使いやすいでしょうか？

「変化」であれば、以前の「私」がマイナスであるということになりますが、「私」自身がマイナスだったことは読み取れません。たとえば、「私と母の関係が悪かった」ということであれば記述しやすいのですが、そんなことは書いていませんし、読み取れません。

では、「対比《たいひ》」を考えてみましょう。口紅をもらってあれだけうれしかったということは、もらえるとは思っていなかったということです。

では、どうしてもらえないと思うのか？　そうやって、たどっていきましょう。

口紅はどんな存在でしたか？　そう、高かったですね。そんな口紅をプレゼントで用意してくれたということは、がんばってがんばって貯めたお金を使ったということがわかります。

それだけ「私」の気持ちが込《こ》もっていたものであることが、母にも伝わっているのです。


口紅は高価であるにも関わらず、一生懸命《いっしょうけんめい》お金を貯めて自分のためにプレゼントをしてくれた息子の気持ちがうれしかったから。

記述の解答は、一つに決まっているものではありません。でも、何でも自由に書いてしまうと、あまり点数にならないものです。**人の感情が生まれるところには、「対比《たいひ》」や「変化」がある。これを意識《いしき》するだけで、読み取りも深くなりますし、記述の解答もいいものが書けるようになりますよ。**

✓国語が得意な人は、「物語文の常識通り」だとわかる人

今回の話、とてもいい話だなと思いませんか？　泣いちゃいますよね。

えっ⁉　そんなことない？　私は読んでいて、ぐっときましたよ。

でもね、感動しながらも、冷めた目でも読んでいたのです。つまり、「物語文の常識《じょうしき》」通り

の話だなと思って読んでいたということです。第1章を覚えていますか？

常識《じょうしき》①物語文には変化がある。マイナスからプラスに変化する。

常識《じょうしき》②物語文は子どもを成長させるために大人が用意したものである。

「口紅を買えない」「友達のお母さんは綺麗《きれい》だけど自分の母は綺麗《きれい》ではない」というマイナスの状態《じょうたい》から、「口紅をプレゼントして母が感動する」というプラスに変化

「物語文の常識通りの話だな」と思えるようになろう

していますよね。これが常識《じょうしき》①です。

そして、これは親子愛がテーマで、とても道徳的な話です。子どもを成長させるための話、常識《じょうしき》②だなと思ったのです。

素直《すなお》に感動できないのは悲しいことですが、国語が得意になるとは、こういうことでもあるのです。ぜひ、感動する話を「だよね～。そうなると思った」ととらえられるようになってくださいね。

第5章　まとめ

✓「対比《たいひ》」と「変化」を意識《いしき》して、感情を押《お》さえよう。

✓「場面」から「心情」をとらえよう。

✓「対比《たいひ》」と「変化」を使って、説得力《せっとくりょく》が増《ま》す記述を書こう。

✓「物語文の常識《じょうしき》通りの話だな」と思いながら読めるようになるのが理想《りそう》。

常識① 物語文には変化がある。マイナスからプラスに変化する。

常識② 物語文は子どもを成長させるために大人が用意したもの。

6

「選択肢」の精読

選択肢のイメージを知り、文を「前半」「真ん中」「後半」に分けて考えよう

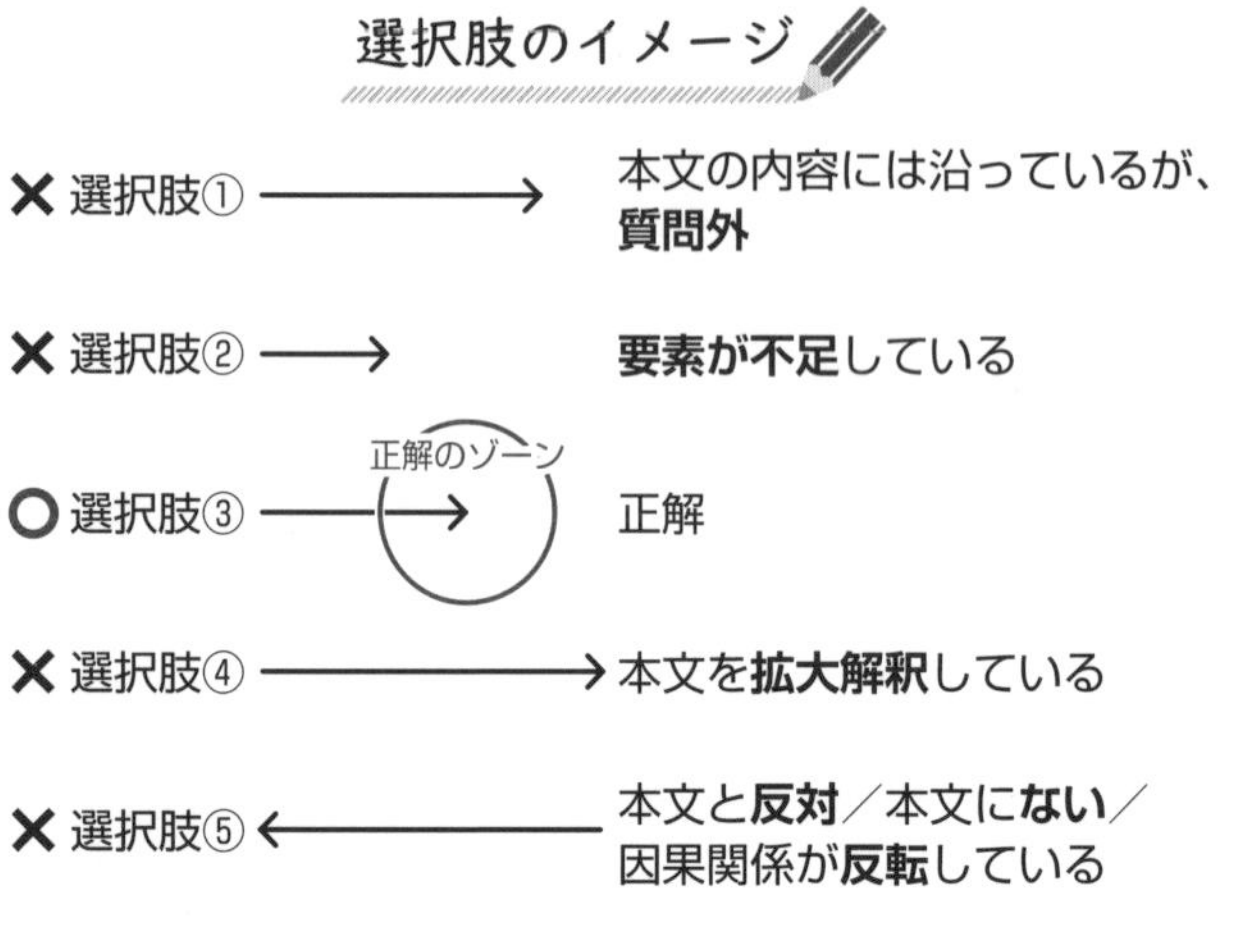
選択肢のイメージ
✕ 選択肢①
本文の内容には沿っているが、**質問外**
✕ 選択肢②
要素が不足している
正解のゾーン
○ 選択肢③
正解
✕ 選択肢④
本文を**拡大解釈**している
✕ 選択肢⑤
本文と**反対**／本文に**ない**／因果関係が**反転**している

選択肢問題の五つのイメージ

選択肢《せんたくし》の問題で「二択まで絞《しぼ》れたけれど間違えた」という経験《けいけん》はありませんか？　それは、いい線まではいっているけれど、当たり前でもあるのです。

たとえば、四つの選択肢《せんたくし》があったとします。その場合、だいたい二つはけっこうずれていて、残り二つで迷《まよ》わせるようになっているのです。では、どうやって正解にたどり着けばいいのかを伝えましょう。

まず、選択肢《せんたくし》問題のイメージをわかりやすくすると、上図のようになります。選択肢《せんたくし》のイメージの②は足《た》りないもの、④は行きすぎているというものです。⑤は

本文で言っていることと逆だったり、書いていないことだったり、出来事の順番が反対になってしまっていたりするということです。

そう説明されてもイメージしにくいと思うので、実際《じっさい》の問題で練習していきましょう。

✓選択肢を五つのイメージにあてはめる

問題　次の文章を読んで後の問に答えなさい。

塾《じゅく》のテストが返ってきた。国語が100点中87点。国語や理科社会も似《に》たような結果だった。うーん、まあわるくはない。でも、よくもないのだろうなあと思うと、ついため息がもれてしまう。

塾《じゅく》にはお母さんがお迎えに来てくれる。別に家まで遠いわけじゃないし、わたしひとりで大丈夫なんだけど、お母さんは「帰り道に塾《じゅく》の話ができるから」って言ってる。「ウチまで人通りもあまりないしね」ってそのあと言ってたけど、順番がちがうんじゃないか、とわたしはひそかに怒《おこ》っている。……と同時になんだかさみしくもある。

最初のうちは80点でもほめてくれた。帰り道にコンビニやスーパーでお菓子やデザートを買ってくれたこともある。でも、いつからかそういったことはなくなった。だからわたしは、もっと高い点数を取らなきゃいけないんだろうな、と思うようになった。でも、その「高い点数」がいったい何点なのかは、わたしにはわからない。

問　――部「わたしはひそかに怒《おこ》っている。……と同時になんだかさみしくもある」とありますが、なぜですか。その理由として最もふさわしいものを次から一つ選びなさい。

ア　塾《じゅく》の帰り道にコンビニやスーパーによって、ごほうびのお菓子やデザートを買ってくれなくなったから。

イ　塾《じゅく》の話や「わたし」のテストの点数の話をするために、おかあさんは塾《じゅく》までお迎えにきているから。

ウ「わたし」はおかあさんと学校の話がしたいのに、その話をおかあさんは聞いてくれないから。

エ　お迎えは人の少ない道を帰る「わたし」への心配よりも塾《じゅく》の話をすることが主な目的だから。

オ　おかあさんは高い点数を取る子にしか興味《きょうみ》がなく、絶対にこれからも「わたし」をほめてくれないから。

さて、どれを選びましたか？　そして、選ばなかった選択肢《せんたくし》は、どうして選ばなかったのですか？　そこをはっきりさせておきましょう。

では、解説をしていきます。

質問されていることは、「わたし」の気持ちに対する理由でしたね。どんなことがあったのかを考えてみると、——部の手前に「順番がちがうんじゃないか」とあるから、どうやらこれが「怒《いか》り」と「寂《さび》しさ」の理由につながっているとわかります。

じゃあ、「順番がちがう」とはどういうことでしょう？　もう少し前まで戻《もど》って読んでみると、どうやらお母さんのセリフについてのことだとわかります。

つまり、お母さんがお迎えの理由を「①帰り道に塾《じゅく》の話ができるから、②自宅まで人通りもあまりないから」という順番で説明したことを「順番がちがう」と言っているのですね。これが「怒《いか》り」と「寂《さび》しさ」の理由です。さあ、選択肢《せんたくし》を見てみましょう。

アは本文の内容《ないよう》です。これを選んだ人もいるんじゃないでしょうか。でも、これは「選択肢《せんたくし》のイメージ図」の①になるので×です。だって、「ごほうびのお菓子やデザートを買ってくれなくなったこと」が今回の「怒《いか》り」と「寂《さび》しさ」の理由ではありませんからね。だから×です。

よく「本文にあるものを選べば正解だ」と言われますが、それだけではなく、「聞かれていることに正しく答えているもの」が正解だということを意識《いしき》しましょう。

イも×です。これも選んだ人がいるかもしれません。確かに本文の内容《ないよう》ですが、これは「順番が逆」のうち、一つの説明しかしていないのです。「選択肢《せんたくし》のイメージ」の②のパターンですね。こういったものは、本文の内容《ないよう》が書かれている分、ひっかかりやすいので気をつけましょう。

ウは×です。「選択肢《せんたくし》のイメージ」の⑤になります。学校の話がしたいかどうかは、本文には書かれていません。こういったものを選ばないようにしましょう！

エは○です。さっき解説した内容《ないよう》をまとめたものになっていますね。

オは「選択肢《せんたくし》のイメージ」の④です。「しか」や「絶対」という言葉が×。これからもずっとお母さんが「点数が高い子」だけに興味《きょうみ》を持ち、「わたし」には興味《きょうみ》を持たないかどうかは、この本文だけではわかりません。

いかがでしたか？　正解したから「やったー」、間違えたから「ショボーン」なんてことでは、国語の得点は伸《の》びません。選択肢《せんたくし》の問題を論理的《ろんりてき》に解いていくことが大切なのです。

ん!?　論理的《ろんりてき》と言われてもよくわからない？　どうしてこの選択肢《せんたくし》が答えなのか、どうしてこの選択肢《せんたくし》ではダメなのか、その理由をつけて答えようということです。

まず、どうやって正しくない選択肢《せんたくし》がつくられるのかを知り、どう正しくないのかを見つけていきたいですね。

出題者は、わざわざ正しくない選択肢《せんたくし》をがんばってつくっているのです。ちゃんと読めた人とそうでない人を分けないと、試験になりません。ですから、少し気を抜《ぬ》くだけで誤《あやま》りにひっかかってしまうこともあります。

それを防《ふせ》ぐためには、どのような選択肢《せんたくし》のパターンがあるのかを知っておくことに加《くわ》え、**選《せん》択肢《たくし》を分けて、丁寧《ていねい》にチェックする必要があります。**

この「分ける」という作業がとても大切なのです。

✓選択肢の文を「前半」「真ん中」「後半」に分けて、〝罠〟を見つける

一つの文章を正しいかどうか判断《はんだん》しようとする時、なんとなく読んでいるだけでは誤《あやま》りに気づけなくなってしまいます。

そこで、一つの文であっても、たとえば「前半」「真ん中」「後半」に分けて丁寧《ていねい》にチェックすることで、正しくないところに気づきやすくなるのです。

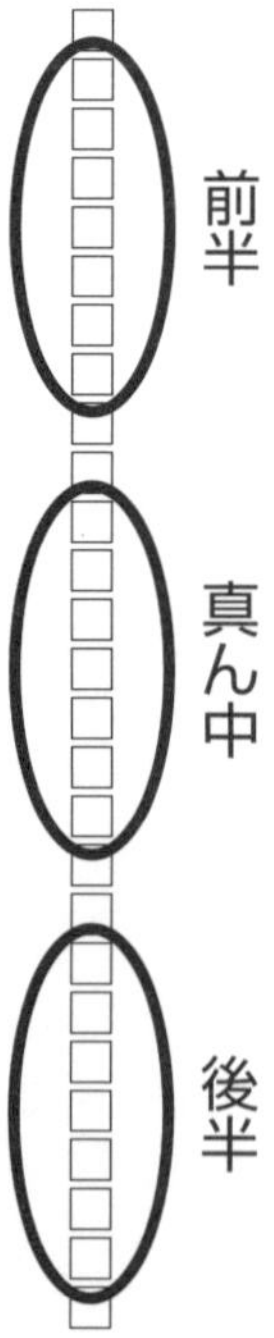

もし、「ここがおかしい！」という場所を見つけたら、×と書き込《こ》みましょう。これは国語だけでなく、社会や理科の試験でも使えるテクニックです。答えだけ書き写していては、なかなか試験で得点することはできません。

えっ!?　学校のテストならそれでも満点だって？

それは学校のテストだからです。

中学入試の問題は、そんなに簡単《かんたん》ではありません。差をつけるために、気づきにくくなっています。どこかに〝罠《わな》〟が仕掛けられ、それに気づくことができるかどうかが試されています。見事、罠《わな》に引っかからずに正解できるかどうか、まるで宝探しのような作業を繰《く》り返していくのです。

✓選択肢の文を分けて考える練習①

では、もう1問。練習してみましょう。

問題　次の文章を読んで後の問に答えなさい。

「ツヨシ！　いっしょに帰ろうぜ！」背中のほうから大きな声が聞こえてきた。後ろをふりむくと、タケルがニカッとした笑顔《えがお》を見せている。タケルとは小学校4年生の時にはじめて同じクラスになったけど、それまでは「どこかで見たことがあるような気がする」くらいのもので名前も知らなかった。

タケルの名字は「斉藤」でぼくは「佐藤」。席が近かったこともあったし、好きなサッカーチームも同じだった。タケルと友達にならない理由はなかった。むしろ、「いい友達と出会えた！」と思っていたんだ、ぼくは。

でも、タケルといっしょにいることが増えて、ぼくはそのことをシンドイと思うようになってしまう時がある。タケルがいいやつだってことは変わらない。これはホント。でもタケルはいつも自分の話ばかりで、あまりぼくの話を聞いてくれない。だからタケルといっしょにいると、タケルは口を動かして、ぼくは首を動かす。たまに「うん」とか「そうだね」なんて口をはさむのがせいいっぱい。この変な役割分担、周りからはどう見えているのかなあ。

問　――部「シンドイと思う」とありますが、このときの「ぼく」の気持ちはどのようなものですか。ふさわしいものを次からすべて選びなさい。

ア　最初は気の合う友達ができたことをうれしく思っていたが、会話を重ねるうちにじつは好きなものがちがうということがわかり、タケルとは距離《きょり》をおきたいと思う気持ち。

イ　席が近いことや好きなチームが同じという共通点がありすぐに友達になれたものの、タケルに遠慮している自分がいることは事実で、そのことをつらく思う気持ち。

ウ　タケルのことをいいやつだと思う気持ちは変わらないが、周りから自分たちがおかしな関係だと思われていることを知り、はずかしく思う気持ち。

エ　自分にも話したいことがあるのにタケルがそのことに耳をかたむけてくれないため、自分は聞くことが中心となっていることを息苦しく思う気持ち。

まずは二つに分けるだけでもいいからやってみて、どこが間違っているのかを見つけたら、線を引いて×と書いてください。はっきり言い切れないと思ったら△をつけましょう。

では、解説します。質問されていることは「ぼく」の気持ちですね。「シンドイ」とあるので、よくないことがあったんだろうなということがわかります。――部の手前に「そのこと」とあることから、その内容《ないよう》が「シンドイ」気持ちを生んだことにつながりそうです。

さらに手前を読んでいくと、「そのこと」が「タケルといっしょにいること」だとわかります。でも、ここで手がかりを探し終えてしまうと、どうしてタケルと一緒《いっしょ》にいるのがシンドイのか理解《りかい》できませんよね。

もう少し前の文章に戻《もど》ってみると、「でも」という言葉があるので、これより前にさかのぼって読んでも「シンドイ」ことの逆、つまりプラスの内容《ないよう》しか書かれていないとわかります。ということは、前に戻《もど》っても、これ以上ヒントはないということです。

では、今度は――部の後ろを読んでみましょう。そうすると、「いつも自分の話ばかりで、あまりぼくの話を聞いてくれない」という内容《ないよう》がありますね。これがぼくの「シンドイ」気持ちの理由です。

では、この内容《ないよう》をもとに選択肢《せんたくし》を分けて考えてみましょう。

ア　最初は気の合う友達ができたことをうれしく思っていたが、／会話を重ねるうちにじつは好きなものがちがうということがわかり、／タケルとは距離《きょり》をおきたいと思う気持ち。

「じつは好きなものがちがうということがわかり」の部分は本文から読み取れませんね。あくまでもきっかけは「タケル」の行動によるものでした。だから×です。「距離《きょり》をおきたい」という表現《ひょうげん》は強すぎるけれど、可能性《かのうせい》はあるので△としました。

イ　席が近いことや好きなチームが同じという共通点がありすぐに友達になれたものの、／タケルに遠慮している自分がいることは事実で／そのことをつらく思う気持ち。

これは○です。分けた3か所とも本文の内容《ないよう》に沿っています。

ウ　タケルのことをいいやつだと思う気持ちは変わらないが、／周りから自分たちがおかしな関係だと思われていることを知り、／はずかしく思う気持ち。

これは「周りから自分たちがおかしな関係だと思われていることを知り」の部分と「はずかしく思う気持ち」部分が×です。「周りからどう思われているか」というきっかけは、「シンドイ」理由のきっかけではないですね。本文にはありませんでした。また、「はずかしく思う気持ち」も×です。これが「シンドイ」という気持ちの説明ではありません。

エ　自分にも話したいことがあるのに／タケルがそのことに耳をかたむけてくれないため、／自分は聞くことが中心となっていることを息苦しく思う気持ち。

文章を分けるポイント
に決まりはないけれど、
「、」を目安にすると
わかりやすいかもね

これも〇です。「え?」と思った人もいるかもしれませんね。この問題の条件は「すべて選ぶ」でした。こういった部分もきちんと〝精読《せいどく》〟しなくてはダメですよ。

いかがでしたか?「文章を分けるポイントが先生と違《ちが》った」という人もいますよね。それはまったく問題ありません。「このポイントで分けなければならない」なんて決まりはありません。あまり細かいルールをつくってしまうと、実際《じっさい》のテストの時に考えるのが大変です。でも、ルールを決めてほしいという人もいるかもしれません。そんな人は、読点(、)のところで区切ってみてはどうでしょうか。

✓選択肢の文を分けて考える練習②入試問題にチャレンジ!

では、最後に入試問題にチャレンジしましょう。海城中の問題です。じっくり時間をかけていいですからね。選択肢《せんたくし》を分けて、おかしいところに×をつけていきましょう。

海城中学出題

寺地はるな『水を縫う』

「僕《ぼく》」（松岡清澄《きよすみ》）は、祖母の影響《えいきょう》で手芸や刺繍《ししゅう》を趣味にしていた。中学時代にその趣味をからかわれたことがきっかけで同級生から浮《う》いてしまい、友だちを作ることができず、家族から心配されていた。高校入学後は、すぐ後ろの席だった宮多に話しかけられるようになり、彼《かれ》のグループに入ることができた。そのことを祖母は喜んでいた。

昼休みの教室には、机をくっつけたいくつもの島ができていた。大陸と呼びたいような大所帯もある。中学の給食の時間とは違《ちが》う。めいめい仲の良い相手と昼食をともにすることができる。

入学式から半月以上過ぎた。僕《ぼく》は教卓《きょうたく》の近くの、机みっつ分の島にいる。宮多を中心とする、五人組のグループだ。

宮多たちは、にゃんこなんとかという僕《ぼく》の知らないスマホゲームの話で盛り上がっている。猫《ねこ》のキャラクターがたくさん出てきて戦うのだという。ゲームをする習慣《しゅうかん》がないから、意味がよくわからない。さっきからぜんぜん会話に入れない。課金とかログインボーナスという単語が飛び交っている。[1]もう、相槌《あいづち》すら打てなくなってきた。

祖母の顔を思い出して、懸命《けんめい》に話についていこうとした。だって友だちがいないのは、よくないことなのだ。家族に心配されるようなことなのだから。

「なあ、松岡くんは」

宮多の話す声が、途中《とちゅう》で聞こえなくなった。ふいに高杉《たかすぎ》くるみが視界に入ったから。世界地図なら、砂粒《つぶ》ほどのサイズで描《えが》かれる孤島《ことう》。そこに彼女《かのじょ》はいた。箸《はし》でつまんだたまごやきを口に運んでいる。唇《くちびる》の両端《りょうたん》がきゅっと持ち上がった。虚勢《きょせい》を張るわけでもなく、おどおどするでもなく、たまごやきを味わっている。2その顔を見た瞬間《しゅんかん》「ごめん」と口走っていた。

「え」

「ごめん。俺《おれ》、見たい本あるから席に戻《もど》るわ」

ぽかんと口を開ける宮多たちに、背を向ける。

問一　——線部1「もう、相槌《あいづち》すら打てなくなってきた」とあるが、この時の「僕《ぼく》」の気持ちの説明として適当《てきとう》なものを次の中から一つ選び、記号で答えなさい。

ア　宮多たちは楽しそうに話しているのに、自分だけ会話についていくことができず、これ以上楽しいふりをすることに後ろめたさを感じている。

イ　友だちを作りたいと強く望んでいるのに、宮多たちの話を聞いているだけで積極的《せっきょくてき》に話しかけようとしない自分を情けなく思い、気持ちが沈んでいる。

ウ　友だちを作らなければならないと思っているのに、宮多たちの会話に入れないまま自分だけが取り残されていき、気持ちがくじけそうになっている。

エ　宮多たちの会話に入れてもらえず、落ちこんでいたが、いつも自分をはげましてくれる祖母のことを思い出し、なんとか自分を奮《ふる》い立たせようとしている。

問二　――線部2「その顔を見た瞬間《しゅんかん》『ごめん』と口走っていた」とあるが、この時の「僕《ぼく》」の行動や気持ちの説明として適当《てきとう》なものを次の中から一つ選び、記号で答えなさい。

ア　一人でいても全くさびしそうにしていない高杉《たかすぎ》の姿を見た瞬間《しゅんかん》、一人でいる人間はさびしいと決めつけていた自分の浅はかさに気づき、グループ内の会話から抜《ぬ》けて高杉《たかすぎ》にわびる言葉がふとこぼれ出た。

イ　孤立していても堂々と落ち着いている高杉《たかすぎ》の姿が目に入った瞬間《しゅんかん》、孤立を恐れる今の自分を情けなく思う気持ちが急に高まり、気づいたら会話の輪から抜《ぬ》けることを四人にわびる言葉を発していた。

ウ　自分に正直であることをつらぬいて一人でいる高杉《たかすぎ》の姿を見た瞬間《しゅんかん》、心をいつわり周りにうまく合わせている自分が急にずるい人間に思えてきて、その罪悪感《ざいあくかん》から高杉《たかすぎ》にわびる言葉が思わず口をついて出た。

エ　孤立を気にせず自分の趣味に没頭《ぼっとう》している高杉《たかすぎ》の姿が目に入った瞬間《しゅんかん》、そういう生き方こそが自分にはふさわしいと思う気持ちが急にわき、四人にわびて会話の輪から抜《ぬ》ける言葉を感情のままに発していた。

答えを選びましたか？　区切って、それぞれ○か×か（あるいは△か）書きましたか？

では、解説していきます。まずはリード文がありますね。大事な大事なリード文です。「僕《ぼく》」は、中学時代に友達をつくることができず、家族から心配されていた中で、高校入学後にグループに入ることができたとありますね。そして、そのことを祖母は喜んでいたと書いてあります。

自分から積極的《せっきょくてき》に友達をつくろうとしたわけではないこと、祖母が喜んでくれることが影響《えいきょう》していることが読み取れます。

本文の解説は省《はぶ》いて、問一の選択肢《せんたくし》から見ていきましょう。

ア　宮多たちは楽しそうに話しているのに、／自分だけ会話についていくことができず、／これ以上楽しいふりをすることに後ろめたさを感じている。

前半二つは明《あき》らかに正しいですね。最後ですが、「楽しいふり」をしていたのかどうかというと、そこまでではなさそうです。

相槌《あいづち》を打てないのであって、楽しいふりはしていませんね。祖母の顔を思い出して、懸命《けんめい》に話についていこうとしたのであって、楽しいふりをすることに後ろめたさも感じられません。

イ　友だちを作りたいと強く望んでいるのに、／宮多たちの話を聞いているだけで積極的《せっきょくてき》に話しかけようとしない自分を情けなく思い、／気持ちが沈んでいる。

まず、友達を作りたいと強く望んでいるとまでは言えなさそうですよね。友達グループに入ったのを祖母が喜んだからであって、家族を心配させまいという消極的な理由からです。次に、二つ目です。「積極的《せっきょくてき》に話しかけようとしない自分を情けなく思い」ということが読み取れません。話がわからないから相槌《あいづち》を打てないのです。

ウ　友だちを作らなければならないと思っているのに、／宮多たちの会話に入れないまま自分だけが取り残されていき、／気持ちがくじけそうになっている。

全部よさそうですね。家族を心配させないためにも、友達を作らなければならないと思っていますし、ゲームの意味がわからずに、会話に入っていくことができていません。三つ目はマイナスの感情ですね。

エ　宮多たちの会話に入れてもらえず、落ちこんでいたが、／いつも自分をはげましてくれる祖母のことを思い出し、／なんとか自分を奮《ふる》い立たせようとしている。

まず一つ目がおかしいですね。会話に入れてもらえないわけではありません。自分がついていけないだけです。もうその時点で、この選択肢《せんたくし》は誤《あやま》りであるとわかります。

祖母がいつも自分をはげましてくれるのかは、まだここからはわかりません。祖母の顔が浮《う》かんでいますし、重要《じゅうよう》な存在であることはわかります。三つ目も、自分を奮《ふる》い立たせようという前向きな気持ちは読み取れません。マイナスの感情になっている状況《じょうきょう》です。

このように見ていくと、正解はウとわかります。迷《まよ》うとしたら、アでしょうね。

続いて問二です。

ア　一人でいても全くさびしそうにしていない高杉《たかすぎ》の姿を見た瞬間《しゅんかん》、／一人でいる人間はさびしいと決めつけていた自分の浅はかさに気づき、／グループ内の会話から抜《ぬ》けて高杉《たかすぎ》にわびる言葉がふとこぼれ出た。

一つ目は正しいですね。二つ目は「一人でいる人間はさびしいと決めつけていた」ことが読み取れません。三つ目は「高杉《たかすぎ》にわびる」ではありませんよね。「ごめん」は宮多たちに言った言葉です。高杉《たかすぎ》にあやまる必要はありません。

イ　孤立していても堂々と落ち着いている高杉《たかすぎ》の姿が目に入った瞬間《しゅんかん》、／孤立を恐れる今の自分を情けなく思う気持ちが急に高まり、／気づいたら会話の輪から抜《ぬ》けることを四人にわびる言葉を発していた。

まず一つ目です。「虚勢《きょせい》を張るわけでもなく、おどおどするでもなく」ということから、堂々としていることがわかります。「虚勢《きょせい》を張る」という言葉は、語彙力《ごいりょく》のある受験生でなければわからないかもしれませんが、「おどおどするでもなく」という言葉から、堂々としていることはわかります。ちなみに、「虚勢《きょせい》を張る」は、「弱い部分を隠していばる」という意味です。二つ目は、高杉《たかすぎ》と対比《たいひ》させて自分を情けないと思ったということは、考えられそうです。人の感情が生まれるところには、「対比《たいひ》」や「変化」があります。高杉《たかすぎ》と比《くら》べたからこそ、情けないと思ったのです。三つ目は、おわびの言葉が宮多たちに向けられているので正しいですね。

ウ　自分に正直であることをつらぬいて一人でいる高杉《たかすぎ》の姿を見た瞬間《しゅんかん》、／心をいつわり周りにうまく合わせている自分が急にずるい人間に思えてきて、／その罪悪感《ざいあくかん》から高杉《たかすぎ》にわ

びる言葉が思わず口をついて出た。

一つ目はイとほとんど同じですね。一人でいることにおどおどすることなく、堂々としています。二つ目ですが、急にずるい人間だと思ったのかはわかりません。

三つ目は、アと同じ理由で正しくありません。「ごめん」は宮多たちに言った言葉です。

エ　孤立を気にせず自分の趣味に没頭《ぼっとう》している高杉《たかすぎ》の姿が目に入った瞬間《しゅんかん》、／そういう生き方こそが自分にはふさわしいと思う気持ちが急にわき、／四人にわびて会話の輪から抜《ぬ》ける言葉を感情のままに発していた。

一つ目が明《あき》らかにおかしいですね。高杉《たかすぎ》はたまごやきを味わっていたのであって、趣味に没《ぼっ》頭《とう》（熱中すること）していたわけではありません。二つ目も変です。確かに、高杉《たかすぎ》のふるまいに影響《えいきょう》されていますが、「そういう生き方こそが自分にはふさわしい」は言いすぎです。「選択《せんたく》肢《し》のイメージ」の④ですね。三つ目は正しいです。

よって、正解はイです。「ごめん」が誰《だれ》に向けたものかを読み間違えてしまうと、アカウにしてしまったかもしれないですね。

さて、海城中の実際《じっさい》の入試問題を解くことができたでしょうか？

正解できていたなら、自信を持っていいですよ。

不正解でも、**「選択肢《せんたくし》を分けて、丁寧《ていねい》にチェックすること」**ができていればいいのです。

そして、どこで間違えてしまったのかを確認する。この繰《く》り返しで、選択《せんたく》の精度《せいど》を高めていくことができます。


身につけた武器は使わなければ力を発揮《はっき》できません。

模擬試験で急にやろうと思っても、うまくできないものです。普段《ふだん》の塾《じゅく》の授業でも、宿題でも、学校のテストでもやりましょう。

これから、いつもこの方法で解いてみてくださいね。


野球選手が練習で素振《すぶ》りをするように、サッカー選手が練習でドリブルをするように、お相《す》撲《もう》さんがしこを踏《ふ》むように（これは、相撲《すもう》ファンじゃないとわからないか）、基本的なことを続けていくから力になるのです。

選択肢を選ぶ精度を
高めていこうね

第6章　まとめ

✓ 正しくない選択肢《せんたくし》のパターンを知ろう。

✓ 選択肢《せんたくし》を分けて、「罠《わな》」を見つけよう。

例

ア　○最初は気の合う友だちができたことをうれしく思っていたが、／△会話を重ねるうちにじつは好きなものがちがうということがわかり、／×タケルとは距離《きょり》をおきたいと思う気持ち。

✓ 選択肢《せんたくし》の分け方に悩《なや》んだら、「、（読点）」で分けよう。

✓ 選択肢《せんたくし》を分けてのチェックは模試《もし》だけでなく、いつでもやろう。

例

普段《ふだん》の演習、宿題、学校のテストでもやる

7

「記述問題」の入り口

記述問題は、「3ステップ」で高得点が取れる

✓記述問題を解くための「3ステップ」

「記述問題は難《むずか》しいからパス。何を書いていいのかよくわからない」と思ったことはありませんか？　確かに記述問題は難《むずか》しいものです。ただ、それは記述問題が苦手というより、「深く読解《どっかい》できていないから、何を書いていいのかわからない」ということのほうが多いのです。

ですから、たくさんの文章に触《ふ》れて、どういう気持ちか、どんな人物関係かを把握《はあく》することを優先《ゆうせん》してみてください。

読めるようになって言葉の量も増えてきたら、物語文の記述問題は簡単《かんたん》です。

なぜかと言うと、テクニックで解けるからです。

ここでは心情に関する問題を練習しましょう。

「どういう気持ちですか？」という問題を見たら、次のような手順を踏《ふ》んでください。

ステップ1：まずパッと感情語を書く。
思いつかない場合にはプラスかマイナスかを書き、近そうな感情語を考える。
ステップ2：どうしてその気持ちになったのか、因果《いんが》関係（きっかけ）を書く。
ステップ3：聞かれ方に注意して、文末を決める。

これで終わりです。とっても簡単《かんたん》です。大切なのはステップ2。「どんな気持ちですか？」と聞かれて、「うれしい」「悲しい」「はずかしい」だけだったら、記述問題の解答になりません。

くわしく説明していく時に使える技術は二つ。**「因果《いんが》関係（きっかけ）」と「対比《たいひ》」**です。このどちらか、あるいは両方を入れて書けば、それだけでいい記述解答になります。

✓「3ステップ」で入試問題を解いてみよう

「そんなことを言われても、本当？」と疑っている人、いるのではないでしょうか。

では、実際《じっさい》の入試問題でやってみましょう。リード文と、——部の直前の部分を取り上げます。

鷗友学園女子中学出題

佐藤まどか『アドリブ』

イタリアで生まれ育った「ぼく」（ユージ）は十四歳《さい》で、音楽院の四年生である。夏休みを利用し、有名なフルート奏者であるマウロ・ビーニ（マエストロ＝師匠《ししょう》）が主催《しゅさい》する二日間のマスタークラス（特別講習）に参加している。

「ユージ、今はこのフルートで最大限の効果《こうか》を出すことを考えろ。きみには、曲を自分の内側に取りこみ解釈《かいしゃく》する音楽性がある。ただ、表現《ひょうげん》するときに、どこかおっかなびっくりなんだな。ミスをするんじゃないか、息つぎ《ブレス》は一小節先だからそれまでがまんだ、あとちょっとだ、みたいな感じでさ」

①図星《ずぼし》だ。自分の顔が赤くなっていくのがわかる。

――線部①「図星《ずぼし》だ。自分の顔が赤くなっていくのがわかる」とありますが、この時の「ぼく」の気持ちを「図星《ずぼし》」の内容《ないよう》も明《あき》らかにして、説明しなさい。

まず、「ステップ1：まずパッと感情語を書く」から押《お》さえましょう。どれが感情語かわかりますか？　書いてみましょう。

これは簡単《かんたん》ですよね。「はずかしい」です。図星《ずぼし》というのは、「その通りだ」ということです。マエストロの指摘《してき》がその通りだったので、「ぼく」（ユージ）ははずかしくなったのですね。

では、続いて「ステップ2：どうしてその気持ちになったのか、因果《いんが》関係（きっかけ）を書く」です。どうしてそんな気持ちになったのか。もちろん、直前にあるマエストロの言葉が原《げん》因《いん》ですね。「マエストロの言葉によってはずかしい気持ちになった」。

少しは点数を取れると思いますが、これでは全然足《た》りません。だって、もしこの言葉だけ聞いたら、あなたはどう思いますか？　きっと、「えっ!?　マエストロがなんて言ったの？　それを教えてよ！」となりますよね。そういうツッコミを、自分に入れてください。

文章を読んでいない人にも伝わるように、ツッコミをすぐに入れられないようにすること。それが、記述問題の答案をよくするためのポイントです。

だとすると、マエストロの言葉を入れたいですよね。

だからといって、丸写ししてはいけません。大事なポイントを字数に応《おう》じて切り取る必要があります。全部書いたら、「この子は考えていないし、まとめる力がないんだな」と思われてしまいます。

前半部分「ユージ、今はこのフルートで最大限の効果《こうか》を出すことを考えろ。きみには、曲を自分の内側に取りこみ解釈《かいしゃく》する音楽性がある」

後半部分「ただ、表現《ひょうげん》するときに、どこかおっかなびっくりなんだな。ミスをするんじゃないか、息つぎ《ブレス》は一小節先だからそれまでがまんだ、あとちょっとだ、みたいな感じでさ」

さて、前半部分と後半部分の片方だけなら、どちらを入れますか？

もちろん、後半部分です。そこが言いたかったのですよね。

「ただ」「でも」「しかし」という接続語があったら、「そのあとに言いたいことが来るんじゃないか」と思ってくださいね。

では、最後に「ステップ3：聞かれ方に注意して、文末を決める」。ここでは気持ちを問われているので、「はずかしい」「はずかしい気持ち」「はずかしく思っている」で終わればいいでしょう。

さぁ、できあがった解答はこちらです。これで十分合格レベルの答案になります。

まず、ここまで書けるようになってほしいのです。

ミスや息つぎに気をとられていることをマエストロに見抜《ぬ》かれ、はずかしく思っている。

さて、ここからは上級者向け。あと少し字数があったらどうするといいでしょうか。

先ほど、使える技術が二つと教えましたよね？　パッと出てきますか？

そう、因果《いんが》関係（きっかけ）と対比《たいひ》です。対比《たいひ》を使うことで、もっといい解答にできます。

「●●ではなく■■」の形を取り入れることを意識《いしき》してみましょう。そうすると、次のような解答になります。

自分の解釈《かいしゃく》を表現することよりも、ミスや息つぎに気をとられていることをマエストロに見抜《ぬ》かれ、はずかしく思っている。

これで満点です。

「本当にそんな解答でいいの？」「なんで満点だと言い切れるの？」と言われそうですね。

でも、これは、鷗友学園女子中が実際《じっさい》に発表している解答なのです。こうやって記述問題の解答例を公《おおやけ》にすることは、勇気がいるものです。それによって批判されてしまうかもしれませんから。誠実《せいじつ》な学校ですよね。

「困ったら対比を使う」と覚えておこう

対比《たいひ》を使うとよいということはわかったと思いますが、どんな場面で使えるでしょうか。

あなたが「ゲームを買ってほしい」「洋服を買ってほしい」と思ったとします。どう親に話しますか？　たとえば「買って、買って、買って！　買ってくれなきゃヤダ！」…さすがにそんなやり方で要求《ようきゅう》しませんよね。

小さい頃《ころ》は駄々《だだ》をこねたかもしれませんが、きっと「ぼくはテストで満点を取ったから、買ってもらえるよね？」「私は友達の家に行く時に、もう少し明るい印象にしたいから新しい洋服を買ってほしい」なんて理由をつけると思います。

これは因果《いんが》関係と同じ。「どうして？」という理由をつけ加《くわ》えているのです。

でも、もしうまく理由が思いつかないとしたら、どうしますか？

テストはいつも80点。友達の家に遊びに行くのなら、ジャージでいいと言われるかもしれない。そういう時に有効な手段《しゅだん》が対比《たいひ》です。

「A君もB君も●●のゲームを持っているんだから、ぼくもほしい」

「CさんもDさんもこんな服を持っていたけれど、私にはないから買ってほしい」

そうやって自分と他人とを対比《たいひ》させることで、説得力《せっとくりょく》を持たせるのです。

記述問題の答案は、説得力《せっとくりょく》がなければなりません。だから、困ったら対比《たいひ》を使うということを覚えておくといいですよ。

困ってなくても、対比《たいひ》を使わなければならない場面もあります。人の感情が生まれるところです。**人の感情が生まれるところには、「対比《たいひ》」や「変化」がある**、と学びましたね。たとえば、「はずかしい」という気持ちはどうして生まれるのでしょうか。「⊕本来あるべき自分」↔「⊖現実の自分」だったり、「⊕誰《だれ》か」↔「⊖自分」だったりするから、「はずかしい」と思うのです。

✓人物関係を整理して、「対比」を使って問題を解く

対比《たいひ》を使った、「はずかしい」という気持ちに関する別の問題を解いてみましょう。

淑徳与野中学出題

いとうみく『朔と新』

朔《さく》と事故のことについて話すのは初めてだった。

「その女の子、バスの中でも絵を描《か》いていたんだろうな。で、クレヨンを落としちゃったんだ。水色のクレヨン。それがオレの席のそばに転がってきて、手を伸《の》ばしたんだけど拾

えなくて。で、シートベルトを外して通路に出たとき、事故が起きた。あとのことは覚えてないけど、たぶん吹《ふ》っ飛《と》んで、頭を打ったんだと思う」

あの事故で大きなケガや亡《な》くなった人は、シートベルトをしていなかったと聞いた覚えがある。けれど朔《さく》はシートベルトをしていなかった理由を言わなかったし、両親も朔《さく》を問うようなことはしなかった。

「タイミングが悪かったんだよ」

机のイスを引いて、朔《さく》は腰《こし》かけた。

「もちろんオレがこうなったのは、その子のせいなんかじゃない。オレが勝手に拾おうとしただけで、頼《たの》まれたわけでもない。でも、めぐちゃん、あ、その女の子の名前だけど。めぐちゃんは事故のショックでしゃべれなくなっちゃって。四ヵ月たって声が出るようになって。それでお母さんにオレのことを話したんだって」

朔《さく》は淡々《たんたん》と話を続けた。

「めぐちゃんのお母さんたち、いろいろ調べたんだろうな。オレのこと知って、去年の夏頃《ごろ》かな、うちに手紙くれたらしくて。要は、オレに会いたいってことだったんだけどさ。母さんは反対したらしいけど、父さんがオレのいるとこを教えたんだって。で、そのときオレが厄介《やっかい》になってた寺に来てくれて、めぐちゃんから、それもらった。めぐちゃん、お母さんと一緒《いっしょ》に点字で書いてくれたんだよ。でもオレさ、そのとき点字なんてまったくわからなくて」

そう言ってふっと笑った。

「すげー恥《は》ずかしかったよ。めぐちゃんは一年生になったばっかりでさ。そんな小さい子が一生懸命《いっしょうけんめい》書いてオレんとこ来てくれたのに、オレはなにやってんだろうなって。きっと、来るまで怖《こわ》かったと思うんだ。お母さんにしてもめぐちゃんをオレに会わせること、悩《なや》んだと思う。うん、絶対悩《なや》んで、迷《まよ》ったと思う。でも来てくれて」

朔《さく》は膝《ひざ》に肘《ひじ》を当て、手のひらを組んだ。

「あの頃《ころ》、オレぜんぜんダメで、盲学校《もうがっこう》に行ったのだって、ただ逃《に》げただけだと思う。みっともないだろ」

ううん、と新《あき》は唇《くちびる》を噛《か》んでかぶりを振《ふ》った。

「めぐちゃんからもらった画用紙にも、なにが書いてあるのかわからなくて。でもそれをめぐちゃんに聞くこともできなくて。そりゃそうだろ、めぐちゃんはお母さんと勉強して、点字打ってくれたんだよ。それをオレが読めないって。で、自分で読めるようになろうと思って勉強始《はじ》めたんだ。事故にあってから初めてオレ、自分でなにかしようって思った」

新《あき》はじっと画用紙を見た。

朔《さく》らしき男の子の顔の上に、横書きでたどたどしいひらがなが書いてある。

問　——について、朔《さく》が恥《は》ずかしいと思った理由を説明しなさい。

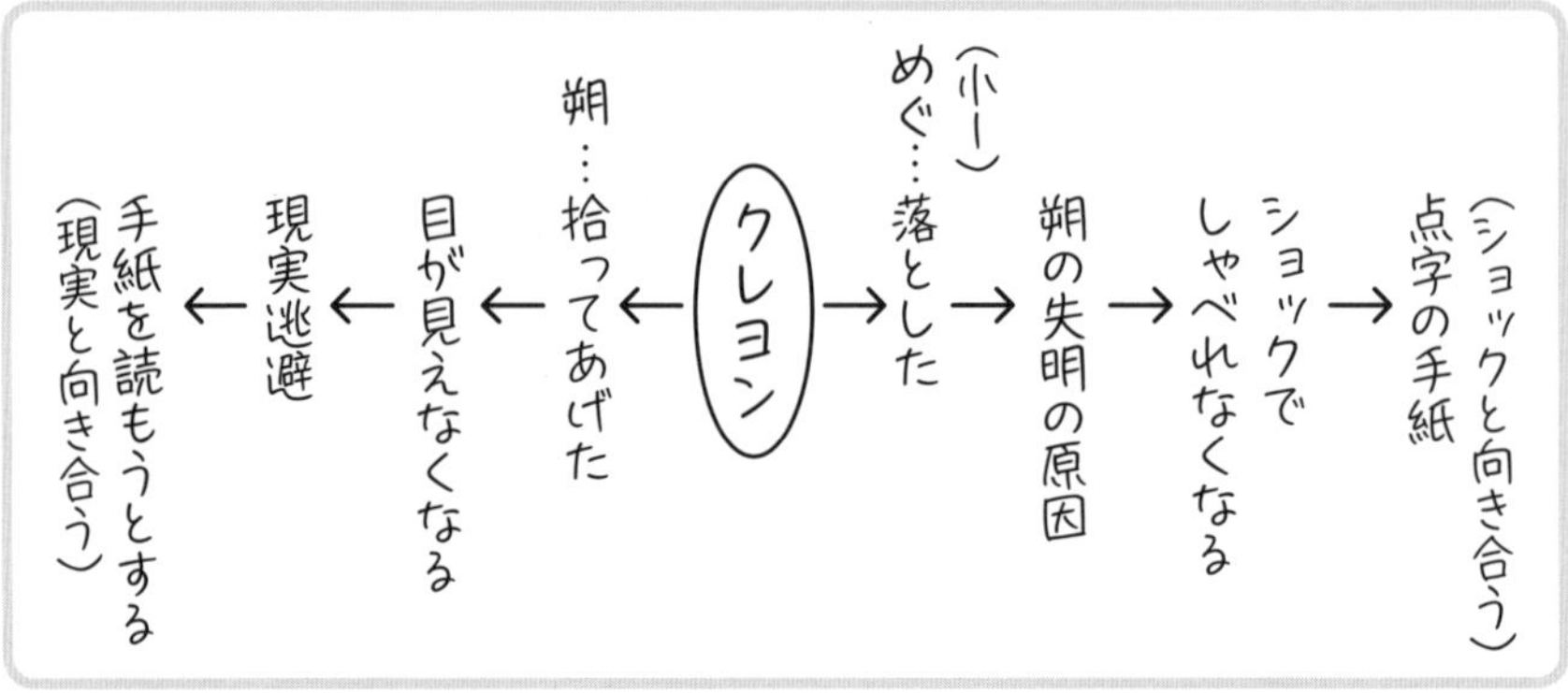

なぜ、対比《たいひ》を使わなければならないかわかりましたか？ 朔《さく》が「恥《は》ずかしい」と思ったのは、めぐちゃんと自分を比《くら》べたからです。

人物関係を整理してみましょう。まず、第3章のような図を自分で書いてみてください。

書けましたか？ 今回は、めぐちゃんと朔《さく》の対比《たいひ》に加《くわ》えて、めぐちゃんの変化も書いておきたいですね。

上図のように整理して解いていきましょう。

今回はステップ1がはっきり書いてあります。「恥《は》ずかしい」です。

では、ステップ2。めぐちゃんは事故から立ち直って点字を勉強したのに、朔《さく》は点字も読めず、盲学校《もうがっこう》に行ったのも逃《に》げたからだと考えています。今回は——部のあとに朔《さく》のセリフがあって、そこから心情を読み取ることができますね。

ステップ3の文末はどうでしょうか。理由を聞いているので、「から」で終わらせる必要がありますね。では、答えを自分で書いてみましょう。

解答

解答例

幼いめぐちゃんがショックから立ち直って、点字を習い、自分をはげまそうとしてくれたのに、自分は点字の練習を投げ出し、現実から逃《に》げてばかりいたから。

どうでしょうか？　ここまで完璧《かんぺき》な解答を書くのは難《むずか》しいと思いますが、人物関係を整理して対比《たいひ》を使って書けば、そこそこ近いものになったのではないでしょうか。

✓「対比」は人物関係以外にも応用できる

「予想外・意外・不思議・奇妙《きみょう》・勘違《かんちが》い」などの記述は、この対《たい》比《ひ》パターンで書けます。

ちょっと図にしてみましょう。

自分の予想・常識 ⟷ 現実

これが違《ちが》うから、予想外だったり、意外だったり、不思議だったり、奇妙《きみょう》だったりするのです。勘違《かんちが》いだって、「自分の考え・予想」⟷「誰《だれ》かの考え・現実」が違《ちが》うから起こるのです。ですから、「自分がもともとどう考えていたのか」「普通《ふつう》ならどう思うか」というところを踏《ふ》まえて書いたらいいのです。

一つ例をあげましょう。私の好きな『約束のネバーランド』というマンガで、「ハウスで共同生活をしていた子どもたちが施設を出たあとに、全然手紙をよこしてくれない。おかしいなぁ」と思うシーンがあります。それは、次のような構図《こうず》ですよね。

手紙を送ってくれるはず（自分の予想・常識《じょうしき》）⟷ **手紙が来ない**（現実）

ちなみに、ハウスを出た子は鬼の食料にされていたという、おそろしい話です。

✓予想と現実の違いを「対比」させて問題を解く

では、予想外の事象《じしょう》をテーマにした問題にチャレンジしましょう。
主人公の名前は照美です。なんでわざわざ書くかって？
それが解くために重要《じゅうよう》なポイントだからです。念のためですが、読みは「てるみ」ですよ。

豊島岡女子学園中学出題

梨木香歩『裏庭』

その途端、何かのうなり声とも、遠いどこからか響くこだまともきこえる声が照美の耳に響いた。

「フーアーユー？」

それが英語の、あなたはだれ？　という意味の言葉にきこえたのは、昨日《きのう》英会話教室をさぼったからかしら、と、一瞬《いっしゅん》照美は思い、反射的に大声で、

「テ・ル・ミィ」

と応《おう》じた。

鏡の向こうで、一瞬《いっしゅん》静まる気配があり、それからまたあのこだまのような声が響いた。

「アイル・テル・ユウ」

そして、鏡の表面《ひょうめん》に霧《きり》のようなものが急に集まったかと思うと、それはふわーっと外まで湧き出してあっというまに照美を包み込《こ》んでしまった。

――えっと、それって、話してあげようとか、教えてあげようっていうこと？……

照美は⑧思いがけない展開《てんかい》に戸惑《とまど》いながらも、英会話教室の生徒らしく、一生懸命《いっしょうけんめい》その奇《き》妙《みょう》な声の意味を判読しようとした。

最近、英会話教室でLとRの発音を繰《く》り返し練習させられていたので、日本語のてるみ、という名前までこんがらかって英語っぽく発音したのかもしれない。英語できかれるのと、日本語できかれるのとでは、応《こた》えるときに顎《あご》の力の入れ具合《ぐあ》いが微妙に違《ちが》うものだ。テル・

ミィ、つまり、私に教えて、という意味にとられたのかもしれない。

問八　――線⑧「思いがけない展開《てんかい》に戸惑《とまど》い」とありますが、「思いがけない展開《てんかい》」とはどのような展開《てんかい》ですか。照美の「戸惑《とまど》い」の内容《ないよう》を明《あき》らかにしながら四十五字以内で説明しなさい。

思いがけない展開《てんかい》になったのは、「自分の予想↔現実」が異《こと》なっていたからですよね。
では、私はどう思っていたのか、そして実際《じっさい》はどうなったのか書いてみましょう。

予想↔

現実

ここは単純にまとめるだけの問題ではないですよね。「照美」と「テル・ミィ」（私に教えて）を勘違《かんちが》いされたということを読み取らなければなりません。

――部の後ろに書いてありますね。
今回は「つまり」が出てきました。この「つまり」は重要《じゅうよう》です。

「これからまとめたり、わかりやすく言い換《か》えたりしますよ～」という告知です。「つまり」を○で囲んで、その後ろに線を引くといいでしょう。

解答の根拠《こんきょ》になることが多いからです。

では、ここまでの内容《ないよう》を踏《ふ》まえて、まず自分で解答をつくってみましょう。

対比《たいひ》を使って「●●のはずが、■■という展開《てんかい》」や「●●のつもりが、■■という展開《てんかい》」という型《かた》にはめて書いてみてください。

解答

解答例

自分の名前を言ったつもりが、私に教えてと言ったと思われ、予想外の答えが返ってきた展開《てんかい》。

どうでしたか？　対比《たいひ》を使いこなせるようになってくださいね。

✓心情は、「因果関係（きっかけ）」と「対比」を使って3ステップで解く

では、最後にもう一つ、心情に関する問題にトライしてみましょう。

今度は、因果《いんが》関係（きっかけ）が直前だけにあるわけではないのが難《むずか》しいところです。文章も長くなっています。

でも、どうしてこんな気持ちになったのか、そのきっかけになっているところに印《しるし》をつけながら考えてみましょうね。

こんな気持ちになった
きっかけに注目しましょう

鷗友学園女子中学出題

マエストロがつかつかと歩いてきて、親指を立てた。

「最後のほうはよかったぞ。音が会場の奥《おく》まで伸《の》びてきていた。あの調子でいけ。それとな、『楽しい』って漢字は、もともと音楽って意味なんだろ？　なんかそういうようなことを、知り合いの日本人に聞いたことがある。とにかく、音楽ってのは、楽しむもんだ」

「は、はい」

「音を楽しめ。そして客も楽しませろ。まあ、飯でも食って、休め。午後は午後できつい

佐藤まどか『アドリブ』

からな」

「はい！」

ぼくは会場の奥《おく》の席にすわって、しばらくぼーっとしていた。息は切れていたけれど、体中にエネルギーがみなぎっている。

音を楽しめ。そして客も楽しませろ。

そうだ。それが音楽だ。

テクニックは必要だ。音が客席に届《とど》かないなんて話にならない。表現《ひょうげん》するためにはテクニックが必要なんだ。そしてテクニックを習得《しゅうとく》した者こそ、そのガチガチの殻《から》を突《つ》きやぶり、曲を自分なりに解釈《かいしゃく》して表現《ひょうげん》することができるんだ。

フルートを拭《ふ》いていると、次の順番の女の人がライネッケの『フルートソナタ一六七番』を吹《ふ》きはじめた。ローマ・サンタ・チェチリア音楽院の七年生で、十八歳《さい》といっていたけど、テクニックも、表現力《ひょうげんりょく》も、とても成熟《せいじゅく》している。たしかなテクニックに支えられた表《ひょう》現力《げんりょく》。ぼくのようにぎりぎりのところで吹《ふ》いているんじゃなくて、息にも指使いにも余裕《よゆう》がある。こんなすごい演奏でも、まだ直すところがあるんだろうか。

もう一度吹《ふ》けと指示されて吹《ふ》きはじめた彼女《かのじょ》に、マエストロは全身でジェスチャーをまじえながら、大声で指導しはじめた。あわてるな。ドバーッと息を吹《ふ》きこむな。そこは愛《いと》しい人に優《やさ》しく息を吹《ふ》きかけるようにして、次第《しだい》にボリュームを上げろ。ていねいに！そこはもっと抑《おさ》えろ。クライマックス！

彼女《かのじょ》は、マエストロにいわれたとおりに最初から吹《ふ》きなおした。直される前も完璧《かんぺき》だったと思っていたのに、今はさっきの演奏がどうしてダメだったのか、ぼくにもわかった。あきらかに、二倍も三倍もよくなっているのだ。

頭がくらくらしていた。ワクワクしていた。疲《つか》れ果ててはいたけれど、②今すぐにでもまた吹《ふ》きたい衝動《しょうどう》にかられていた。でも、まずは、エネルギー補給だ。水を飲み、おにぎりを二個たいらげ、ひと息つく。

問　――線部②「今すぐにでもまた吹《ふ》きたい衝動《しょうどう》にかられていた」とありますが、それはなぜだと考えられますか、説明しなさい。

心情に関連する問題の記述テクニックは先ほど教えました。**因果関係《いんが》（きっかけ）と対比《たいひ》を使ってくわしく説明する**。とにかくこれを意識《いしき》してください。「なぜですか？」と理由を聞かれている問題も、何も変わりません。

まず、ステップ1の感情語。うーん…ひと言で表すのは難《むずか》しそうです。そういう時は、まずプラスかマイナスかを考えるのでしたよね。どちらか書いてみましょう。

（プラス／マイナス）

これは正解してほしいところです。正解はプラスです。

「頭がくらくらしていた」とあるからといって、マイナスにしてはいけませんよ。

そのあとに「ワクワクしていた」とありますし、今すぐにでもまた吹《ふ》きたい衝動《しょうどう》にかられているのですから、やる気に満ちあふれていますよね。


さて、感情はプラスとわかりました。では、どんな感情語を書けばいいでしょうか？

じつは、さっきほとんど答えを言ってしまいました。ステップ1の感情語は「やる気になっている」です。それでいいのです。

「意欲《いよく》がみなぎる」というような表現《ひょうげん》ができれば最高ですが、思いつかなければ「書ける範囲《はんい》で感情語を書こう」という気持ちでいましょう。「気分アゲアゲ」などと書いてはもちろんいけません。


もし、「『やる気になっている』すら思いつかない。どうしよう…」という場合、ひとまずプラスだということがわかったなら、「前向きになっている」と書くというテクニックがあります。

プラスの感情なら「前向きになっている」、マイナスの感情なら「後ろ向きになっている」。

全部こう書くのはさすがに印象が悪いので絶対にやめてほしいのですが、「どうしても困った！」という時に使う武器として持っておきましょう。

続いて、ステップ2です。「まず、直前に理由があるのではないか？」と考えながら読みましょう。

「彼女《かのじょ》は、マエストロにいわれたとおりに最初から吹《ふ》きなおした。直される前も完璧《かんぺき》だったと思っていたのに、今はさっきの演奏がどうしてダメだったのか、ぼくにもわかった。あきらかに、二倍も三倍もよくなっているのだ」

ここですね。しかも、「テクニックも、表現力《ひょうげんりょく》も、とても成熟《せいじゅく》している。確かなテクニックに支えられた表現力《ひょうげんりょく》」を持っている、もともと実力のある生徒がマエストロの指摘《してき》を踏《ふ》まえて、目の前で成長しているのです。難《むずか》しい言葉で表現《ひょうげん》すると「触発《しょくはつ》された」、少し簡単《かんたん》に言うと「影響《えいきょう》を受けた」ということです。

最後にステップ3です。今回は行動の理由を聞いていますね。「感情語」＋「から」という終わり方にしましょう。これについては、あとでくわしく説明します。

ここまでの内容《ないよう》を踏《ふ》まえて、まず自分で書いてみてください。すぐ先を読まずに、自分で書いてみるということが大事ですよ。

ステップ2は私の説明通りでなくてもかまいません。
「ここも因果関係《いんが》（きっかけ）になっているな」と思ったら、入れてみてください。

解答

さて、書けましたか？　ジーニアスの4年生は、国語の授業をこうやって進めています。いきなり答え合わせするのではなく、ある程度《ていど》話をしてから書いてもらうのです。
これでとても力がつきます。
では、私の答えを書きますね。

先生の解答

ぼくよりも実力があってすごい演奏をしていた女の人が、マエストロの指摘《してき》を踏《ふ》まえて目の前で成長したのを見て、やる気が起きたから。

ここまで書けたら十分合格できます。自分と女の人の対比《たいひ》を入れて、「そんなすごい人なのにマエストロの指摘《してき》で成長しているんだ、自分もがんばろう」という内容《ないよう》にしています。

えっ!?　これも鷗友学園女子中だから学校解答を教えてほしいって？

そうですね、紹介《しょうかい》しましょう。そして、私の解答とどこが違《ちが》うのか見つけてください。

鷗友学園女子中学の解答

マエストロの指導力により自分の演奏の改善のきっかけを得たところに、もともと実力のある他の生徒が目の前で成長していく様子に触《ふ》れて、さらにやる気が出てきたから。

気づきましたか？　そう、直前だけを手がかりにする問題ではなかったのです。

やる気になったのは「ぼく」です。もっと前に、「ぼく」がやる気になっていくことが読み取れる場面がありましたよね。たとえば、「息は切れていたけれど、体中にエネルギーがみなぎっている」という部分で、すでに「ぼく」はマスエトロの指導でやる気になっていました。

「テクニックは必要だ。音が客席に届《とど》かないなんて話にならない。表現《ひょうげん》するためにはテクニックが必要なんだ。そしてテクニックを習得《しゅうとく》した者こそ、そのガチガチの殻《から》を突《つ》きやぶり、曲を自分なりに解釈《かいしゃく》して表現《ひょうげん》することができるんだ」という部分は、気分が高揚《こうよう》しています。その時のぼくの気持ちを踏《ふ》まえて書くことが求《もと》められていたのです。

このように、根拠《こんきょ》が離れたところにあることもよくありますが、どうしてこんな気持ちになったのかという因果《いんが》関係（きっかけ）を探すことを、繰《く》り返していきましょう。

✓理由を問われたら、「感情語」＋「から」で終わらせよう

先ほどステップ3のところで、行動の理由を聞いているので、『『感情語』＋『から』で終わらせよう」と教えました。なぜなのか、くわしく説明しておきましょう。

人が行動するのは、何か感情に動かされた時です。

たとえば、友達を殴《なぐ》ったとします（暴力はダメですよ、あくまでも例です）。そこには何かきっかけとなる感情があったはずですよね。

もし何の感情もないのに、なんとなく殴《なぐ》ったのなら…それはサイコパスです。世の中にはそういう人もいるかもしれませんが、受験では出てきません。

友達を殴《なぐ》ったのは「バカにされてくやしかった」「人を傷《きず》つけることを言うのが許せなかった」など、何らかの理由があったはず。ですから、もし「行動」の理由を聞かれたら、まずその手前にある「感情」を説明すればいいのです。次ページの図を使って整理してみましょう。

きっかけ（出来事）…バカにされた／人を傷《きず》つけるようなことを言った
感　情（気持ち）…くやしい／許せない
行　動（反　応）…友達を殴《なぐ》ってしまった

↑ 解答の範囲《はんい》（きっかけ・感情）

「行動」の理由を聞かれた場合は、右図のような解答の範囲《はんい》をイメージしましょう。まず「感情」の部分を考えつつ、そこで終わるのではなく、「感情」のもとになった出来事も含めて考えます。記述する時には「感情語」＋「から」で終わることも忘れないようにしてくださいね。

先ほどの感情を説明する問題であっても、その理由（きっかけ）と感情をあわせて説明すればいいのです。もし、「どうしてその気持ちになったのですか？」という問題であれば、手前のきっかけだけ書けばいいということですね。これも図で整理しましょう。

きっかけ（出来事）…バカにされた／人を傷《きず》つけるようなことを言った ｝解答の範囲《はんい》
感　情（気持ち）…くやしい／許せない
行　動（反　応）…友達を殴《なぐ》ってしまった

朔《さく》がめぐちゃんと比《くら》べて「恥ずかしい」と思った気持ちを説明する問題は、この型《かた》でしたね。

さて、本章はここで終わりです。記述問題はまだ奥《おく》が深いのですが、今回は入門編。とりあえず、ここまでの内容《ないよう》を実践できるようになってください。

✓「努力」と「テクニック」で国語を得意科目にしよう

最後に質問です。

どうして私は最後にこの文章を選んだのでしょうか？

よく「国語が苦手だ。記述問題をどう書いていいかわからない」「自分なりに一生懸命《いっしょうけんめい》解いているのに点数が取れない」という声を聞きます。

もちろん、漢字は勉強しなくてはなりません。語彙量《ごいりょう》が不足していると、読み取るのも書くのも大変です。でも、ただ努力を積み重ねていくだけで上達するものでもないのです。

テクニックは必要だ。自分の書いた答案が相手に届《とど》かなければ話にならない。表現《ひょうげん》するためにはテクニックが必要なんだ。そしてテクニックを習得《しゅうとく》した者こそ、そのガチガチの殻《から》を突《つ》きやぶり、文章を解釈《かいしゃく》して表現《ひょうげん》することができるんだ。

もうわかりましたね？　努力は積み重ねていく必要がありますが、〝正しく〟積み重ねなくてはなりません。

最後の問題の文章に重ね合わせるような思いを持っていることを伝えて、この本を終わります。

ここで学んだ読解《どっかい》、選択肢《せんたくし》、記述のテクニックをいつでも使うこと。

テストだけでなく、普段《ふだん》の演習でも学校の授業でも使うこと。

その繰《く》り返しの中で国語が好きになり、国語が得意になってもらえたら、とてもうれしいです。

第7章　まとめ

✓「どういう気持ちですか？」という問題は、
3ステップで解答をつくろう。

1. まずパッと感情語を書く。
（思いつかなければ、まず⊕か⊖か）

2. どうしてそんな気持ちになったのか、因果《いんが》関係（理由）を書く。

3. 聞かれた方に注意して、文末を決める。

✓具体的な記述にするために、因果《いんが》関係（理由）と対比《たいひ》を使おう。

✓対比《たいひ》は「●●ではなく■■」の形で書こう。

✓「きっかけ→感情→行動」のどこを書くとよいのか確認しよう。

例

「どうして■■のような気持ちになったのですか？」

こんな気持ちになった
きっかけに注目しましょう

出題校・物語文リスト

章（ページ）	出題校	作者	タイトル（出版社）
2（P30）	芝中学	佐川光晴	駒音高く（実業之日本社）
2（P32）	甲陽学院中学	古内一絵	リコリスの兄弟［『アネモネの姉妹 リコリスの兄弟』所収］（キノブックス）
2（P33）	海城中学	水野瑠見	十四歳日和（講談社）
2（P35）	鷗友学園女子中学	如月かずさ	ミルメーク［『給食アンサンブル』所収］（光村図書）
2（P38）	筑波大学附属駒場中学	朝倉かすみ	ぼくは朝日（潮出版社）
2（P39）	浅野中学	小野寺史宣	ホケツ！（祥伝社）
2（P41）	豊島岡女子学園中学	額賀澪	屋上のウインドノーツ（文藝春秋）
3（P46）	洗足学園中学	草野たき	グッドジョブガールズ（ポプラ社）
3（P50）	吉祥女子中学	まはら三桃	最後の気持ち［『なみだの穴』所収］（小峰書店）
3（P54）	ラ・サール中学	いとうみく	朔と新（講談社）
3（P58）	青山学院中等部	青山美智子	のびゆくわれら［『木曜日にはココアを』所収］（宝島社）
3（P61）	灘中学	安田夏菜	むこう岸（講談社）
4（P67）	頌栄女子学院中学	梨木香歩	りかさん（新潮社）
4（P68）	早稲田中学	万城目学	プリンセス・トヨトミ（文春文庫）
4（P69）	学習院女子中等科	瀧羽麻子	たまねぎとはちみつ（偕成社）
4（P70）	吉祥女子中学	まはら三桃	最後の気持ち［『なみだの穴』所収］（小峰書店）
4（P71）	浦和明の星女子中学	ささきあり	天地ダイアリー（フレーベル館）
4（P72）	渋谷教育学園渋谷中学	北原亞以子	十一月の花火［『こはだの鮓』所収］（PHP 研究所）
4（P73）	逗子開成中学	篠綾子	望月のうさぎ（角川春樹事務所）
4（P74）	東京農業大学 第一高等学校中等部	伊藤整	少年（筑摩書房）
4（P77）	六甲学院中学	はらだみずき	帰宅部ボーイズ（幻冬舎）
4（P77）	麻布中学	宮下奈都	まだまだ、［『つぼみ』所収］（光文社）
4（P77）	海城中学	朝比奈あすか	君たちは今が世界（KADOKAWA）
4（P78）	駒場東邦中学	黒川裕子	夜の間だけ、シッカは鏡にベールをかける［『YA! アンソロジー わたしを決めつけないで』所収］（講談社）
4（P78）	海城中学	水野瑠見	十四歳日和（講談社）
4（P78）	聖光学院中学	森浩美	埋めあわせ［『家族ずっと』所収］（双葉社）
4（P78）	海城中学	水野瑠見	十四歳日和（講談社）
4（P79）	青山学院中等部	片島麦子	想いであずかり処 にじや質店（ポプラ社）
4（P82）	鷗友学園女子中学	如月かずさ	ミルメーク［『給食アンサンブル』所収］（光村図書）
4（P84）	芝中学	夏川草介	神様のカルテ 3（小学館）
4（P85）	攻玉社中学	久米正雄	金魚［『久米正雄作品集』所収］（岩波書店）
4（P88）	——	辻仁成	そこに僕はいた（新潮社）
5（P95,97,99, 102,103）	渋谷教育学園渋谷中学	森浩美	おかあちゃんの口紅［『家族の言い訳』所収］（双葉社）
6（P113）	——	ジーニアス作成	——
6（P119）	——	ジーニアス作成	——
6（P124）	海城中学	寺地はるな	水を縫う（集英社）
7（P138）	鷗友学園女子中学	佐藤まどか	アドリブ（あすなろ書房）
7（P143）	淑徳与野中学	いとうみく	朔と新（講談社）
7（P149）	豊島岡女子学園中学	梨木香歩	裏庭（新潮社）
7（P152）	鷗友学園女子中学	佐藤まどか	アドリブ（あすなろ書房）

※２章は入試問題のリード文としての引用です

「社会（歴史）」好評発売中！

中学受験
「だから、そうなのか！」とガツンとわかる
合格する歴史の授業
上巻（旧石器～安土・桃山時代）

松本亘正 著

定価1540円（本体1400+税10%）
ISBN978-4-7889-1897-9

中学受験
「だから、そうなのか！」とガツンとわかる
合格する歴史の授業
下巻（江戸～昭和時代）

松本亘正 著

定価1540円（本体1400+税10%）
ISBN978-4-7889-1898-6

「合格する授業」シリーズの本

「社会（地理）」好評発売中！

中学受験

「だから、そうなのか！」とガツンとわかる

合格する地理の授業

47都道府県編

松本亘正 著

定価1540円（本体1400+税10%）

ISBN978-4-7889-1965-5

中学受験

「だから、そうなのか！」とガツンとわかる

合格する地理の授業

日本の産業編

松本亘正 著

定価1540円（本体1400+税10%）

ISBN978-4-7889-1966-2

「合格する授業」シリーズの本

「算数」好評発売中！

中学受験
「だから、そうなのか！」とガツンとわかる
合格する算数の授業
図形編

松本亘正・教誓健司 著

定価1540円（本体1400+税10%）
ISBN978-4-7889-1967-9

中学受験
「だから、そうなのか！」とガツンとわかる
合格する算数の授業
数の性質編

松本亘正・教誓健司 著

定価1540円（本体1400+税10%）
ISBN978-4-7889-1968-6

「合格する授業」シリーズの本

松本亘正（まつもと・ひろまさ）

1982年福岡県生まれ。中学受験専門塾ジーニアス運営会社代表。ラ・サール中学高校を卒業後、大学在学中にジーニアスを開校。現在は東京・神奈川の８地区に校舎がある。開成、麻布、駒場東邦、女子学院、筑波大附属駒場など超難関校に合格者を毎年輩出。中学受験だけでなく、高校・大学受験時、就職試験時、社会人になっても活きる勉強の仕方や考える力の育成などに、多くの支持が集まっている。また、家庭教師のトライの映像授業「Try IT」の社会科を担当し、早くからオンライン指導に精通。塾でも動画配信、双方向Web授業を取り入れた指導を展開している。主な著書に、『合格する歴史の授業 上巻／下巻』『合格する地理の授業47都道府県編／日本の産業編』『合格する算数の授業 図形編／数の性質編』（実務教育出版）がある。

中学受験 「だから、そうなのか！」とガツンとわかる

合格する国語の授業 物語文入門編

2021年７月５日 初版第１刷発行
2021年10月15日 初版第２刷発行

著 者 松本亘正
発行者 小山隆之
発行所 株式会社 実務教育出版
〒163-8671 東京都新宿区新宿1-1-12
電話 03-3355-1812（編集） 03-3355-1951（販売）
振替 00160-0-78270

印刷／株式会社文化カラー印刷 製本／東京美術紙工協業組合

ISBN978-4-7889-1969-3 C6081